एक ही चेहरा था घर में

एक ही चेहरा था घर में

ख़ुशबीर सिंह 'शाद'

संकलन : सचिन चौधरी

मंजुल पब्लिशिंग हाउस

MANJUL

मंजुल पब्लिशिंग हाउस

कॉरपोरेट एवं संपादकीय कार्यालय

• द्वितीय तल, उषा प्रीत कॉम्प्लेक्स, 42 मालवीय नगर, भोपाल-462 003

विक्रय एवं विपणन कार्यालय

• सी-16, सेक्टर 3, नोएडा, उत्तर प्रदेश, 201301

वेबसाइट : www.manjulindia.com

वितरण केन्द्र

अहमदाबाद, बेंगलुरू, भोपाल, कोलकाता, चेन्नई,
हैदराबाद, मुम्बई, नई दिल्ली, पुणे

एक ही चेहरा था घर में

कॉपीराइट © 2019, ख़ुशबीर सिंह 'शाद'

सर्वाधिकार सुरक्षित

यह संस्करण 2019 में पहली बार प्रकाशित

ISBN 978-93-88241-97-7

संकलन : सचिन चौधरी

मुद्रण व जिल्दसाज़ी : रेप्रो इंडिया लिमिटेड

आईने का टूटना इक हादसे से कम न था
एक ही चेहरा था घर में, बेसहारा हो गया

ख़ुशबीर सिंह 'शाद' दौर ए हाज़िर की उर्दू शाएरी का एक दरख़्शां बाब हैं। वे 4 सितम्बर 1954 को उत्तर प्रदेश के सिधौली (सीतापुर) में जन्मे और शुरुआती ज़िन्दगी उत्तर प्रदेश के मुख़्तलिफ़ शहरों में गुज़ारने के बाद लखनऊ में अपने वालिदैन के साथ बस गए। उनकी हस्सास तबीयत को लखनऊ की अदबी आब ओ हवा ऐसी रास आयी की उम्र भर के लिये ग़ज़ल की ज़ुल्फ़ों के असीर हो कर रह गए। उनकी अब तक 15 किताबें उर्दू और देवनागरी में शाया हो चुकी हैं और दो किताबें पकिस्तान से भी शाया हुई हैं। ख़ुशबीर सिंह 'शाद' की कुछ किताबों पर उर्दू विभाग,जम्मू विश्वविद्यालय में शोध कार्य सम्पन्न हुआ है। शाएरी के सिलसिले में वो अब तक संयुक्त राज्य अमेरिका, ऑस्ट्रेलिया, सिंगापुर, पाकिस्तान, बहरीन, क़तर, ओमान, दुबई, आबू धाबी इत्यादि अनेक मुल्कों का सफर कर चुके हैं।

कई राष्ट्रीय एवं अंतर्राष्ट्रीय पुरस्कारों से सम्मानित, जिन में अन्जुमन ए उर्दू नार्थ अमेरिका लिटरेरी अवार्ड, जश्न ए अदब अवार्ड, लाला जगत नारायण अवार्ड 2016, उर्दू इंटरनेशनल ऑस्ट्रेलिया लिटरेरी अवार्ड, इपसा अवार्ड ऑस्ट्रेलिया और उत्तर प्रदेश का सर्वोच्च सम्मान यश भारती प्रमुख हैं।

गुज़िश्ता 9 बरसों से जालंधर, पंजाब में स्थायी रूप से निवास।

ई मेल : khushbirsinghshaad@gmail.com

मुझे महसूस हुआ कि ख़ुशबीर सिंह 'शाद' का नाम सिर्फ़ छोटे-मोटे रसालों तक ही महदूद न रहेगा बल्कि चन्द मुद्दत में नई उर्दू ग़ज़ल के उम्दा नामों में शुमार होने लगेगा, मैं हमेशा ये देखकर ख़ुश होता रहा कि वो मुसलसल तरक़्क़ी कर रहे हैं।

—शम्सुर-रहमान फ़ारूक़ी

ख़ुशबीर सिंह 'शाद' का कलाम उर्दू के अदबी हल्क़ों में दिलचस्पी से पढ़ा जा रहा है। एक ज़माना था जब मुशायरों में क़ुबूले-आम मेयार की सनद हुआ करता था लेकिन अगर किसी का क़लाम सामईन को भी मुतासिर करें और क़ारीन को भी मुत्वज्जा करने में कामयाब हो तो उसका इस्तहाक़ मुसल्लम हो जाता है।

—गोपीचन्द नारंग

शायरों के हुजूम और मुशायरों की हलचल में अचानक ख़ुशबीर सिंह 'शाद' से मुलाक़ात हुई और उसकी जागती हुई, सोचती हुई शायरी ने एक अजीब ख़ुशगवार हैरत से दो-चार कर दिया। उसके अशआर की मानवीयत और इज़हार की बेसाख़्तगी ने उसे एक पुरअसर लहजा अता कर दिया है जो अब ख़ुशबीर सिंह 'शाद' का लहजा बनता जा रहा है।

— प्रो. पीरज़ादा क़ासिम

आमतौर पर देखा गया है कि मुशायरों के मक़बूल शायरों का क़लाम जब तहरीरी शक्ल में पढ़ा जाता है तो बेशतर की अस्ल औक़ात खुलकर सामने आ जाती है - ख़ुशबीर भारत के जदीद उर्दू शायरों के उस मुन्तख़ब गिरोह का एक अहम नुमाईन्दा है जो मुशायरे और किताब दोनों सतह पर अम्दा, कामयाब और पसंदीदा है।

— अमजद इस्लाम अमजद

खुशबीर के बेशतर अश्आर पढ़ने या सुनने वालों पर इस तरह खुलते हैं कि जैसे कोई मानूस चेहरा अचानक किसी और शक्ल में सामने आ गया हो और हमनवाई का रिश्ता क़ायम कर ले।

— फ़रहत अहसास

एक और शेरी वस्फ़ जो 'शाद' की ग़ज़ल में ये महसूस होता है वो ये है कि उनकी ग़ज़ल बड़ी हद तक मुस्तमिल मौज़ूआत और सामने के मनाज़िर को मानूस बनाकर क़ारीन को उनकी आज़ादी के लिये वुसअतें पैदा करती हैं।

खुशबीर सिंह 'शाद' ने अपनी ग़ज़लों को दानिस्ता निजी ग़म ओ खुशी से दूर रक्खा है। उनमें न किसी क़सीदे की महक है और न हुस्नों-इश्क़ की झलक है। वो होशमन्द ज़ेहन से ज़िंदगी के तमाशे में शामिल नज़र आते हैं लेकिन इस तमाशे को वो एक तमाशाई की नज़रों से देखते हैं और देखे हुये को अपने अन्दाज़ में दूसरो को सुनाते हैं।

— निदा फ़ाज़ली

नई ग़ज़लें

1

कहाँ सैराब करना है नदी ने सोच रक्खा है
मिरे बारे में सब कुछ ज़िन्दगी ने सोच रक्खा है

मैं क्यों उलझा हुआ हूँ बेसबब सम्तों के चक्कर में
कहाँ ढूँढेगी मुझको गुमरही ने सोच रक्खा है

मुझे हर पल बिखरता देखना ख़्वाहिश उसी की है
उसी का मसअला है ये उसी ने सोच रक्खा है

अभी कुछ वक़्त है अहसास को इजहार होने में
सदा में कब ढलेगी ख़ामुशी ने सोच रक्खा है

मुझे खुद भी नहीं मालूम किस सूरत में उभरूँगा
मिरा चेहरा, मिरी बेचेहरगी ने सोच रक्खा है

अंधेरे कौन से रखने हैं और किनको मिटाना है
हर इक शब का मुक़द्दर रोशनी ने सोच रक्खा है

सराबों[1] के मनाज़िर[2] में कि इक दरिया के साहिल पर
कहाँ जाकर बुझेगी तिशनगी[3] ने सोच रक्खा है

---

1. मृगतृष्णाएं 2. दृष्यों 3. प्यास।

2

सफ़र के शौक़ में कोनो-मकाँ[1] को भूल जाते हैं
उड़ानों में परिन्दे आशियाँ को भूल जाते हैं

जहाँ बारिश से बचने के लिए कुछ पल गुज़ारे हों
अमूमन लोग ऐसे सायबाँ[2] को भूल जाते हैं

मुझे कहती है इक तस्वीर तंजआमेज़[3] लहजे में
यही दस्तूर है सब रफ़्तगाँ[4] को भूल जाते हैं

हमें जब याद आती हैं किसी चेहरे की तहरीरें[5]
किताबों में पढ़ी हर दास्ताँ को भूल जाते हैं

सितारे देखते हैं ख़ुद को जब शफ़्फ़ाफ़[6] झीलों में
ज़मीनों की कशिश में आसमाँ को भूल जाते हैं

ठहर जाते हैं जब भी 'शाद' हम यादों की छाँओं में
तो कुछ पल के लिए उम्रे-रवाँ को भूल जाते हैं

---

1. दूसरी दुनिया 2. छाँव 3. व्यंगात्मक 4. अतीत 5. लिखावट 6. साफ़-सुथरा।

3

अगर सूरज जरा सा धूप को सफ़्फ़ाक कर दे
तो मुमकिल है कि हर साए का दामन चाक[1] कर दे

हवा के दोश पर अठखेलियाँ तो कर रहे हो
ख़बर क्या कब बगूले[2] से तुम्हें फिर ख़ाक कर दे

जिसे दिल में छुपाए अब तलक ख़ामोश है तू
ये मुम्किन है वही वहशत तुझे बेबाक कर दे

तभी हर ख़्वाब से पहले वजू[3] करती हैं आँखें
कोई ताबीर अन्देशों से इनको पाक कर दे

ये हर चेहरे में इक बेलौस चेहरा देखती है
बड़ी मासूम ख़्वाहिश है, इसे चालाक कर दे

ख़िज़ाँ[4] के दिल में भी इक नर्म गोशा है वगरना
वो चाहे तो दरख़्तों को ख़सो-ख़ाशाक[5] कर दे

फिर उसके बाद तू इक 'शाद' चेहरा भी बनाना
मिरी मिट्टी तो कूज़ागर[6] सुपुर्दे-ख़ाक कर दे

---

1. फाडना 2. बवंडर 3. पूजा के लिए पानी से शरीर को पवित्र करना। 4. पतझड़
5. घास फूस 6. कुम्हार।

4

ग़ायबाना[1] ही सही आँखों से कुछ रिश्ता तो है
रायगाँ है ख़्वाब लेकिन इनकी इक दुनिया तो है

यूँ तो मैं इक आईनाख़ाने में अब तक क़ैद हूँ
इक तसल्ली है मगर अपना कोई चेहरा तो है

देखता हूँ आने वाली साअतों[2] को ग़ौर से
चाहे मुब्हम[3] ही सही पर नक़्श इक बनता तो है

लोग कहते हैं कि इस घर में कोई रहता नहीं
रात भर दहलीज पर लेकिन दिया जलता तो है

मैं नशेबों[4] में उतर आया तो क्यों हैरान हो
तुमने इक सूरज को अक्सर डूबते देखा तो है

हाँ कई चेहरों से ये ज़ाहिर नहीं होता मगर
अपने दिल की वहश्तों से आदमी डरता तो है

बन्द हैं तेरी ही आँखें 'शाद' तो हम क्या करें
इक तमाशा रात-दिन लेकिन यहाँ होता तो है

---

1. छुपा हुआ 2. लम्हों 3. अस्पष्ट 4. गहराईयों।

5

क्यों लिए फिरती है ऐ तेज़ हवा रहने दे
गर्द हूँ मैं, मुझे राहों में बिछा रहने दे

फिर जलूँगा तो अंधेरों को भी जहमत होगी
बुझ गया हूँ तो मुझे यूँ ही बुझा रहने दे

धूप हूँ शब के नशेबों[1] में उतर जाऊँगा
बस जरा देर पहाड़ों पे बिछा रहने दे

मुझको होने दे ये अहसास कि मैं ज़िन्दा हूँ
इक न इक जख़्म मिरे दिल का हरा रहने दे

कुछ नहीं है तो सराबों[2] का छलावा ही सही
कुछ तो आँखों में मिरी ख़्वाबनुमा रहने दे

अक्स का अपना कोई अक्स नहीं हो सकता
एक परछाई को पैकर[3] न बना रहने दे

बेसबब इतनी वज़ाहत[4] की ज़रूरत क्या है
'शाद' अब अपनी कहानी न सुना रहने दे

---

1. गहराईयों 2. मृगतृष्णाओं 3. आकार 4. सफ़ाई।

6

दिलकश धूप से बारिश का मौसम हो जाने में
देर ही क्या लगती है आँखें नम हो जाने में

सिर्फ़ समन्दर की चाहत हो ऐसी बात नहीं
दरिया भी मुशताक़[1] बहुत था ज़म हो जाने में

रास्ता देख के धूप की किरने वापस चली गईं
देर बहुत कर दी हमने शबनम हो जाने में

अगर किसी के क़द में उसका साया शामिल हो
हर्ज नहीं कुछ ऐसी वुसअत[2] कम हो जाने में

अपने गिर्द ये सपनों के जाले मत बुना करो
दम घुट जाता है अक्सर रेशम हो जाने में

इतनी ऊँची लय में जब तुमने आग़ाज[3] किया
दुश्वारी तो होनी थी मद्धम हो जाने में

ज़ख़्म अगर नासूर न बनते 'शाद' तो क्या करते
देर लगा दी वक़्त ने जब मरहम हो जाने में

---

1. ख़्वाहिशमंद 2. फैलाव 3. आरंभ।

7

सुख़न के फूल कब तक हम तसव्वुर[1] में छुपा रखते
अमानत दूसरों की थी तो अपने पास क्या रखते

घरौंदा ही बनाने की अगर ठानी थी साहिल पर
कम-अज़-कम मनचली मौजों से थोड़ा फ़ासला रखते

बहुत मुम्किन था वो तुम से न होता मुत्तफ़िक़ फिर भी
तुम अपनी बात तो कहते, तुम अपना मुद्दआ[2] रखते

कोई किरदार ही तब्दील कर देते कहानी का
वही मज़मूँ,[3] वही उन्वान[4] है, कुछ तो नया रखते

रहे जो शब को ख़ामोशी बहुत नाराज है हम से
तो क्या हम अपने दिल की धड़कनों को बेसदा रखते

उदासी से भी अक्सर हुस्न बढ़ जाता है चेहरों का
यक़ीं तुम को भी आता सामने गर आईना रखते

तुम उन मुश्किल पलों में 'शाद' अपने काम ही आते
अगर अपने लिए भी ख़ुद को थोड़ा सा बचा रखते

---

1. कल्पना 2. मक़सद 3. निबंध 4. शीर्षक।

आने वाले मौसमों की आओ तैयारी करें
कुछ नए ख़्वाबों की आँखों में शजरकारी करें

इससे बेहतर है कि कम कर लें कुछ अपनी क़ुर्बतें[1]
बेसबब बातों को सोचें और दिल भारी करें

ज़िन्दगी हमको नज़र-अन्दाज तू करती रहे
और हमसे ये तवक़्क़ो[2] है वफ़ादारी करें

ज़ब्त की इक हद तलक तो ठीक था ये सिलसिला
दर्द भी झेलें और अश्कों की निगहदारी[3] करें

पहले तो कुछ 'शाद' भी करनी थीं उम्मीदें मगर
अब तो बस मामूल[4] है इनका दिल-आज़ारी[5] करें

---

1. निकटता 2. उम्मीद 3. निगरानी 4. दिनचर्या 5. दिल दुखाना।

तस्वीर मुकम्मल होने तक, रंगों से कहो मायूस न हों
कुछ ख़्वाब अभी तक ज़िन्दा हैं, आँखों से कहो मायूस न हों

ये वक़्त की सब तहरीरें[1] हैं जो आईनों पर लिक्खी हैं
ये अक्स बदलते रहते हैं, चेहरों से कहो मायूस न हों

माज़ी[2] भी इन्हीं का विरसा[3] है, फ़र्दा[4] भी इन्हीं का हिस्सा है
तारीख़ इन्हीं से बनती है, ख़्वाबों से कहो मायूस न हों

कल सूरज फिर से निकलेगा, फिर धूप की चादर फैलेगी
चुपचाप नशेबों[5] में ढलते, सायों से कहो मायूस न हों

जब तक कि ये वापस आएंगी, कुछ और घरौंदे भी होंगे
साहिल से पलटने वाली इन, मौजों से कहो मायूस न हों

अब 'शाद' गुज़रने वालों से, इतनी भी तो रग़बत[6] ठीक नहीं
कल और मुसाफ़िर आएंगे, रस्तों से कहो मायूस न हों

---

1. लिखावट 2. भूतकाल 3. ख़ानदानी 4. आने वाला दिन 5. गहराईयों 6. लगाव।

10

आईने ने आज फिर, इक बार धोका दे दिया
मैंने अपना अक्स माँगा, उसने चेहरा दे दिया

आज़माना चाहता था मैं भी अपने जब्त को
तिश्नगी ने मुझको इक बेसम्त सहरा दे दिया

कम से कम इक हमसफ़र मुझको मयस्सर तो हुआ
धूप का अहसान, उसने एक साया दे दिया

अब तो इस माहौल से आँखें भी आजिज आ गईं
मंज़रों के नाम पर ये क्या तमाशा दे दिया

ऐसी इक उम्मीद जो मरने नहीं देती मुझे
डूबने वाले को तिन्के का सहारा दे दिया

इसलिए तो दौड़ में हम सब से पीछे रह गए
जिसको भी उजलत[1] में देखा, उसको रस्ता दे दिया

'शाद' ले डूबी तुझे आख़िर फ़क़ीरों सी रविश[2]
वक़्त ने हाथों में तेरे देख कासा[3] दे दिया

---

1. जल्दबाजी 2. चलन 3. भिक्षापात्र।

11

मिरे शिकस्ता परों को भी इक उड़ान मिले
ज़मीं की क़ैद से निकलूँ तो आसमान मिले

फिर उसके बाद ये आँखें भी चौन से सोएं
ये ख़्वाब टूट ही जाए तो कुछ अमान मिले

बहुत घुटन है फ़जाओं में एक मुद्दत से
सुकूते-शब[1] की उदासी को अब ज़बान मिले

ये कौन लोग हैं जो मिल रहे हैं मंज़िल पर
कहाँ गए जो मुसाफ़त[2] के दरम्यान मिले

ये और बात कि कश्ती का कुछ पता न चला
थमा जो शोर तो साहिल पे बादबान[3] मिले

अब और धूप की शिद्दत सही नहीं जाती
ठहर ही जाऊँ अगर कोई सायबान[4] मिले

वरक़ पलट तो कभी 'शाद' अह्दे-माज़ी के
अजब नहीं वहाँ तेरी भी दास्तान मिले

---

1. रात का सन्नाटा 2. यात्रा 3. पाल 4. छाया।

12

तकल्लुफ़ वक़्त क्यों करता मुझे मिस्मार[1] करने में
मैं ख़ुद उलझा रहा आसानियाँ दुश्वार करने में

बज़ाहिर ये घना साया मिरी शाख़ों का है लेकिन
करम कुछ धूप का भी है मुझे छतनार करने में

सफ़र यूँ तो फ़क़त इक ख़्वाब से ताबीर तक का था
मैं कितनी बार डूबा शब[2] का दरिया पार करने में

---

1. ढाहना 2. रात।

13

रायगाँ ख़यालों का ज़ाविया[1] बदलकर भी
ज़िन्दगी नहीं बदली हब्स से निकलकर भी

यूँ तो सबकी नज़रों में हमसफ़र था वो मेरा
साथ था कहाँ लेकिन साथ-साथ चलकर भी

रास कुछ नहीं आता ज़हर पीने वालों को
हमने बारहा देखा ज़ायक़ा बदलकर भी

दूर तक हवाओं का साथ भी रहा लेकिन
आग ही रहा सूरज, धूप में पिघल कर भी

मुझसे क्या गिला[2] करता जानता है दिल मुझको
रहा गया है सीने में बारहा मचलकर भी

हम कि जो तग़ाफ़ुल[3] की इक नज़र से मर जाएं
और लोग ज़िन्दा हैं रूह को कुचलकर भी

मुब्तिला रहे हम भी 'शाद' कैसी कोशिश में
अक्स तो नहीं बदला, आईना बदल कर भी

---

1. दृष्टिकोण 2. शिकायत 3. बेपरवाई।

14

न मौजें ही मिरे हक़ में, न ये गिरदाब[1] मेरे
अजब क्या गर सफ़ीने हो गए ग़र्क़ाब[2] मेरे

बज़ाहिर तो ये आँखें भी मिरी, बीनाई[3] मेरी
मगर फिर भी नहीं ये मंज़रे-शबताब[4] मेरे

अभी तक बेयक़ीनी और यक़ीं के दरम्याँ है
अभी इक आलमे-बरजख़[5] में हैं सब ख़्वाब मेरे

मुसलसल बारिशों को मैं कहाँ तक जज़्ब करता
बहा कर ले गए साहिल तलक सैलाब मेरे

तिरा दावा कि मुझको तू मुकम्मल पढ़ चुका है
मुझे लगता है बाक़ी हैं अभी कुछ बाब[6] मेरे

---

1. भँवर 2. जलमग्न 3. दृष्टि 4. रात को चमकने वाला 5.दूसरी दुनिया 6. अध्याय।

चार तिनके जोड़ लेता आशियाने के लिए
दर-बदर फिरना न पड़ता सर छुपाने के लिए

मैं तो ख़ुद पहले ही से बिखरा पड़ा हूँ ऐ हवा
क्यों तुली बैठी है तू मुझको उड़ाने के लिए

आईने ने आज पहली बार बतलाया मुझे
एक चेहरा बातिनी[1] है, इक दिखाने के लिए

ख़्वाब, रंगो-नूर, मंज़र, दिलकशी, कुछ भी नहीं
क्या मिरी आँखें हैं बस रोने-रुलाने के लिए

बे-सरो-सामानियों में सर्फ़ हो जाते हैं लोग
बस दरो-दीवार का चेहरा सजाने के लिए

---

1. अन्दरूनी।

हमने तो हर हाल में तुमसे निभाई ज़िन्दगी
तू पराई थी, रही आख़िर पराई ज़िन्दगी

कब तलक महरूम रक्खेगी तवज्जो से हमें
कब तलक बरतेगी तू बे-ऐतनाई[1] ज़िन्दगी

उम्र भर सहराओं में इक प्यास की सूरत रहे
उम्र भर हमने सराबों से बुझाई ज़िन्दगी

फिर बहुत दिलकश नज़र आने लगी है तू हमें
डर है तुझसे हो न जाए आशनाई[2] ज़िन्दगी

मोतबर यूँ ही नहीं हम आज कारोबार में
पहले साँसें ख़र्च की हैं फिर कमाई ज़िन्दगी

जो भटकता है, वही इल्जाम देता है तुझे
अब न करना तू किसी की रहनुमाई ज़िन्दगी

मुझको तेरे लम्स का वो पल अभी तक याद है
जब मिरी आग़ोश में तू कसमसाई ज़िन्दगी

---

1. नज़रअंदाजी 2. मोहब्बत।

कभी मैं अपनी महरूमी पे आज़ुर्दा[1] नहीं होता
मुझे मालूम है हर ख़्वाब तो पूरा नहीं होता

वो मौसम भी कई देखे हैं इस छननार बरगद ने
जब अपना जिस्म ढँकने को भी इक पत्ता नहीं होता

यहाँ कुछ इस तरह आराईशें[2] होती हैं चेहरों की
कि ख़द्दो-ख़ाल[3] किसके हैं ये अन्दाजा नहीं होता

मैं उस मंज़र से पहले ही कहीं बुझ जाता हूँ ख़ुद में
कि सूरज भी अभी पूरी तरह डूबा नहीं होता

मुहज़्ज़ब[4] लोग हैं, रुस्वाई को तशहीर[5] कहते हैं
ये ऐसा दौर है जिसमें कोई रुस्वा नहीं होता

बस इक मामूल है हर शब का ये पीना-पिलाना भी
मैं इतनी पी चुका हूँ अब मुझे नश्शा नहीं होता

मोहब्बत बेग़रज, बेलौस और शफ़्फ़ाफ़[6] होती है
तुझे लगता तो है ऐसा, मगर ऐसा नहीं होता

अगर कुछ मसअलों को वक़्त पर सुलझा लिया होता
तो इतनी उलझनों में 'शाद' तू उलझा नहीं होता

---

1. ग़मगीन 2. सजावटें 3. चेहरा 4. सभ्य 5. शौहरत 6. साफ़-सुथरा।

अपने तो अपने हैं लेकिन ग़ैरों को क्या मिलता है
दुखती रग को छेड़ के जाने, लोगों को क्या मिलता है

शब भर कितनी शिद्दत से नींदों की हिफ़ाजत करती हैं
नींदों को तो ख़्वाब मिले हैं, आँखों को क्या मिलता है

तन्हाई में अक्सर एक मुसव्विर सोचा करता है
तस्वीरें तो बन जाती हैं, रंगों को क्या मिलता है

आईने के सच को आख़िर, क्यों झुठलाना चाहते हैं
अपने-आप से मुन्किर[1] होकर, चेहरों को क्या मिलता है

भीगी रेत पे नक़्शे-क़दम हों या मासूम घरौंदे हों
साहिल का ये हुस्न मिटाकर, मौजों को क्या मिलता है

अपनी प्यास बुझाकर इनको, आग भी ठुकरा देती है
राख के ढेर में बुझ जाते हैं, शोलों को क्या मिलता है

'शाद' न जाने क्यों इसको बेलौस मुहब्बत कहते हैं
चाँद को अपना अक्स मिला है, झीलों को क्या मिलता है

---

1. इंकार करने वाला।

19

किसी का साथ निभाया, कहीं किनारा किया
गुजारी हमने कहाँ ज़िन्दगी, गुजारा किया

वहीं पे ले गई हर बार, मेरी प्यास मुझे
कि जिस तरफ़ भी सराबों[1] ने इक इशारा किया

मैं बर्फ़ था जिसे सूरज की तेज़ किरनों ने
जलाया धूप में ऐसा कि एक धारा किया

मिरा वजूद[2] तो हमसर था एक ज़र्रे[3] का
ये किसका नूर है जिसने मुझे सितारा किया

मैं बर्गे-खुश्क था खुद ही तो क्या गिला करता
यही बहुत है मुझे शाख़ ने गवारा किया

---

1. मृगतृष्णाएं 2. अस्तित्व 3. कण।

खुद को अर्ज़ां लगने लगा हूँ अपनी नज़रों में
शामिल होकर काँच के इन चमकीले टुकड़ों में

आज किसी को देख के जाने क्यों ये ध्यान आया
ऐसा ही इक चेहरा था मेरी भी यादों में

हमसे पूछो पत्थर होना किसको कहते हैं
जब सदियाँ तय करनी पड़ती हैं कुछ लम्हों में

आज वरक़ गर्दानी[1] की जब अपने माज़ी की
महक उठे कुछ बोसीदा से फूल किताबों में

यादों ने जब ममता की दहलीज पे दस्तक दी
सात समन्दर उतर गए उन बूढ़ी आँखों में

'शाद' ये सोचा था इस भीड़ को राह पे ले आऊँ
अपना चेहरा ढूँढ रहा हूँ अब इन चेहरों में

---

1. पढ़ना।

मत सुनो इसकी सदाएं ख़ामुशी से काम लो
पत्थरों का शहर है ये बेहिसी[1] से काम लो

जब तलक ये दिल धड़कता है सफ़र करते रहो
मौत जब तक आ न जाए ज़िन्दगी से काम लो

चाँद-तारों की तरह सूरज से मत माँगो ज़िया[2]
एक जुगनू बन के अपनी रोशनी से काम लो

इस तरह कब तक छुपाओगे तुम अपनी वहशतें
दिल ये कहता है कि अब दीवानगी से काम लो

कैफ़ियत का ये तसलसुल[3] रात भर क़ायम रहे
होश में आने लगो तो बेखुदी से काम लो

रोज़ इक चेहरा बदल कर 'शाद' गर जीना पड़े
इससे बेहतर है, इसी बेचेहरगी से काम लो

---

1. एहसास न हो 2. रोशनी 3. सिलसिला।

घुली हुई हैं फ़जा में ये वहशतें कैसी
सुना रही है शबे-ग़म हिक़ायतें[1] कैसी

अब अपनी प्यास का सौदा करूँ सराबों से
ये पेश आ गईं मुझको ज़रूरतें कैसी

मैं बर्गे-खुश्क था, मौसम भी था ख़िजाओं[2] का
जो गिर गया तो शजर[3] से शिकायतें कैसी

तुझे तो मैंने अभी तक कहा नहीं कुछ भी
तो फिर ये तेरी तरफ़ से वज़ाहतें[4] कैसी

बंधे हुए हैं सभी मस्लेहत के धागों से
बस एक रस्मे-तआल्लुक़ है कुर्बतें[5] कैसी

मैं 'शाद' सादा वरक़ था ये मेरे चेहरे पर
गुज़रते वक़्त ने लिख दी इबारतें कैसी

---

1. क़िस्से-कहानी 2. पतझड़ों 3. पेड़ 4. सफ़ाई 5. निकटता।

उस एक ख़्वाब को हम रायगाँ[1] समझते थे
वही तो आग थी जिसको धुआँ समझते थे

ये तिशनगी तो सज़ा है हमारी ग़फ़लत की
सराब[2] अपने नहीं हैं, कहाँ समझते थे

उसे भी पढ़ लिया सबने हमारे चेहरे पर
वो दर्द हम जिसे दिल में निहाँ समझते थे

बस इक उड़ान से ये बात हो गई ज़ाहिर
नज़र की हद थी जिसे आसमाँ समझते थे

ये कौन करता रहा 'शाद' हम से सरगोशी
सुकूते-शब[3] को तो हम बेज़बाँ समझते थे

---

1. बेकार 2. मृगतृष्णा 3. रात का सन्नाटा।

मिरी मजबूरियाँ क्या थीं, कहाँ ये दिल समझता है
ये अपनी हर तमन्ना का, मुझे क़ातिल समझता है

यहाँ बैठे तो हैं सब, बाँटने तन्हाईयाँ अपनी
मगर हर देखने वाला, इसे महफ़िल समझता है

इसे हर रोज़ इक तूफ़ान से दोचार होना है
अज़ीयत[1] इक सफ़ीने की कहाँ साहिल समझता है

ये मुम्किन है कि वो तेरे जुनूँ की इब्तिदा[2] ही हो
जिसे तू आगही[3] की आख़िरी मंज़िल समझता है

कई आसानियाँ भी ज़िन्दगी में 'शाद' हैं लेकिन
तिरी मुश्किल है तू हर काम को मुश्किल समझता है

---

1. दुख 2. आरंभ 3. ज्ञान।

इस क़दर अहसास से मानूस होना चाहिए
ख़्वाब भी टूटें अगर महसूस होना चाहिए

अपने लहजे ही में करना चाहिए हर गुफ़्तगू
फ़िक्र का अन्दाज भी मख़सूस[1] होना चाहिए

क्यों बुझाने पर हैं आमादा तुझे ऐ दिल की लौ
जिन हवाओं को तिरा फ़ानूस होना चाहिए

मानता हूँ इन मसाइल का नहीं कुछ हल मगर
इतनी जल्दी भी नहीं मायूस होना चाहिए

क्यों लिए फिरती है इनको 'शाद' आवारा हवा
खुशबुओं को फूल का मलबूस[2] होना चाहिए

---

1. ख़ास 2. लिबास।

दिल के जख़्मों से मुसलसल ख़ून रिसता देखता
अपनी आँखों से मैं कब तक ये तमाशा देखता

फिर कभी तुझ से मिलूँ तो कैसे पहचानूँ तुझे
तेरी आँखों से निकलता तो मैं चेहरा देखता

आज इक पल मिल गया तो मैंने उसको जी लिया
कब तलक मैं आने वाले कल का रस्ता देखता

उस समन्दर के भी तो अपनी मसाइल थे कई
अपने तूफ़ाँ देखता या मुझको प्यासा देखता

फिर बुलन्दी की तरफ़ जाना बहुत दुश्वार था
गर नशेमन[1] की तरफ़ मुड़कर परिन्दा देखता

'शाद' जब ख़ुद को हवाओं के हवाले कर दिया
फिर ये हसरत क्यों है दिल में ख़ुद को यक्जा देखता

---

1. घोंसला।

अपने माज़ी से मिले भी एक अरसा हो गया
अब तो उस तस्वीर का हर रंग धुंधला हो गया

कितना अच्छा लग रहा है अपनी वुसअत[1] देखकर
कुछ फ़सीलें तोड़कर अब मैं कुशादा हो गया

जाने-अनजाने से कुछ चेहरों की मेरी ज़ात में
भीड़ इतनी बढ़ गई है, मैं अकेला हो गया

मेरी वहशत देखकर दर ने कहा दीवार से
लग रहा है घर से इसका क़ुर्ब[2] गहरा हो गया

फिर नए जख़्मों के कुछ इम्कान रोशन हो गए
फिर किसी पर मुझको इक अपने का धोका हो गया

कट गई महरूमियों के दरम्याँ भी ज़िन्दगी
बेसरो-सामानियों में भी गुजारा हो गया

'शाद' ये दिन भी दिखाया वक़्त की इस धूप ने
जो मिरा साया था, मैं अब उसका साया हो गया

---

1. फैलाव 2. नजदीकियाँ।

झील याद करती है, तिश्नगी परिन्दों की
डार एक उतरी थी अजनबी परिन्दों की

आज अपनी शाख़ों को फिर शजर ने समझाया
मोतबर नहीं होती दोस्ती परिन्दों की

शाख़े-गुल से उतरे तो आ गए ज़मीनों पर
इक फ़क़ीर जैसी है सादगी परिन्दों की

खुशबुओं की हद तक ही उनकी सब उड़ानें थीं
तितलियों ने ठुकरा दी रहबरी परिन्दों की

बदहवास शाख़ों से टूटते हुए पत्ते
सरफिरी हवाएं और बेकली परिन्दों की

रूह की फ़जाओं को चीरने सी लगती है
शाम की उदासी में ख़ामुशी परिन्दों की

बेकराँ उड़ानों का क़र्ब[1] किसने समझा है
कौन दास्ताँ लिखता उन दुखी परिन्दों की

---

1. दर्द।

बस ये सोच के बाँट लिया, उसके हिस्से का दुख
उसके दुख जैसा ही था, मेरे क़िस्से का दुख

वो लम्हा जो बरसों में, इक बार गुज़रता है
दिल ने कितनी बार सहा है, उस लम्हे का दुख

उसका चेहरा इसीलिए, अहसास से आरी[1] था
उसकी आँखों में पोशीदा[2] था, चेहरे का दुख

एक मुसलसल प्यास सराबों का पीछा फिर प्यास
कौन समझ पाएगा सहरा में प्यासे का दुख

भूखा जान के दूध की बारिश कर दी होटों पर
माँ ने भी कब समझा है, रोते बच्चे का दुख

सूरज ने भी अपनी मजबूरी की वज़ाहत की
धूप ने जब बतलाया उसको इक साए का दुख

मरने वाले के ग़म में सब शामिल तो हैं 'शाद'
लेकिन कब तक बाँटेंगे उसके कुन्बे[3] का दुख

---

1. वंचित 2. छुपा हुआ 3. परिवार।

फ़ायदा कुछ तो हुआ इतना ज़रर[1] होने के बाद
ख़ुद से वाक़िफ़ हो गया हूँ बेख़बर होने के बाद

जब तलक कोंपल था, आँखों में नमू[2] का ख़्वाब था
बोझ कितना बढ़ गया है इक शजर होने के बाद

रायगाँ मिट्टी से भी बनती हैं क्या-क्या सूरतें
राज ये मुझ पर खुला है कूज़ागर[3] होने के बाद

वरना फ़ुरसत थी कहाँ अपनी उड़ानों से मुझे
ज़िन्दगी थम सी गई बे-बालों-पर होने के बाद

फिर तो आँखों में सिमट आईं वो सारी वुस्अतें
आसमाँ छोटा लगा हद्दे-नज़र होने के बाद

'शाद' अपने दर्द से अब मरहमों की बात कर
पत्थरों से क्या शिकायत जख़्मे-सर होने के बाद

---

1. नुक़सान 2. विकास 3. कुम्हार।

सब झूट की मौजें दुश्मन हैं और दरिया भी हमवार नहीं
सच बात तो ये है हम खुद ही, घर छोडने को तैयार नहीं

इक पल में यक्जा होते हैं, इक पल में बिखरने लगते हैं
इल्जाम किसी पर क्यों रक्खें, अपना ही कोई किरदार नहीं

आ जाता है झोंके की तरह, जिस सिम्त से जिसका दिल चाहे
उस घर को मुकफ़्फ़ल[1] क्या करते, जिस घर में कोई दीवार नहीं

जो तस्वीरें बन ही न सकें, उनके ख़ाक़े भी क्या सोचें
उनकी ताबीरें क्या चाहें, जिन ख़्वाबों के हक़दार नहीं

बस इतना हो जाए दुनिया, कुछ जीने का सामान तो हो
हो 'शाद' अगर कुछ उम्मीदें, जीने से हमें इन्कार नहीं

---

1. तालाबंद।

बस इक नज़र की गवाही को मोतबर[1] न समझ
तू अपने दिल को मनाज़िर[2] से बेख़बर न समझ

सहर[3] तो होना थी, हर तौर रात टलनी थी
इसे तू अपनी दुआओं ही का असर न समझ

जुनूने-शौक़ में मंज़िल का क्या तसव्वुर है
कहा थकन ने, इसे आख़िरी सफ़र न समझा

ये शाख़-शाख़ पे लिपटी हुई अमर बेलें
ये सब अजाबे-शजर हैं, इन्हें शजर न समझ

यहाँ सफ़ीने नहीं डूबते हैं दरिया भी
मैं इज़्तिराब[4] हूँ दिल का, मुझे भँवर न समझ

ये दिल के गिर्द जो बिखरे हुए हैं शोले से
जो बुझ सके तो बुझा, इनको बेज़रर न समझ

यक़ीं न कर जो लहू से ये अश्कबार[5] न हो
जो दिल के साथ न रोए तो चश्मे-तर न समझ

---

1. भरोसेमंद 2. दृष्यों 3. प्रातःकाल 4. बेचौनी 5. आँसुओं से तर।

कहने को एक आईना टूटा बिखर गया
लेकिन मिरे वजूद को किरचों से भर गया

मैं जाने किस ख़याल के तन्हा सफ़र में था
अपने बहुत क़रीब से होकर गुज़र गया

इक आश्ना से दर्द ने चौंका दिया मुझे
मैं तो समझ रहा था मिरा जख़्म भर गया

शायद कि इन्तजार इसी पल का था उसे
कश्ती के डूबते ही वो दरिया उतर गया

मुद्दत से उसकी छाँव में बैठा नहीं कोई
इक सायादार पेड़ इसी ग़म में मर गया

इक और शाम ढल गई सोचों के दश्त[1] में
इक और दिन भी ख़ाक उड़ाते गुज़र गया

मेरे ही साथ 'शाद' सफ़र ख़त्म हो गया
मैं रुक गया जहाँ, वहीं रस्ता ठहर गया

---

1. जंगल।

ऐसी ताबीर का ऐलान किया है मैंने
अपने हर ख़्वाब को हैरान किया है मैंने

बेसबब राख कुरेदी है तिरे जख़्मों की
बेसबब तुझको परेशान किया है मैंने

देख ले खुद पे है किस दर्जा भरोसा मुझको
तुझसे मुश्किल को भी आसान किया है मैंने

तेरे बख़्शे हुए माहौल में ज़िन्दा रहकर
ज़िन्दगी तुझ पे तो एहसान किया है मैंने

राह में छोड़ न देना मिरी ग़ैरत मुझको
आज तक तुझ पे बहुत मान किया है मैंने

सोचता हूँ कि कहाँ उसकी तलाफ़ी[1] होगी
वक़्त जो भी तिरा नुक़्सान किया है मैंने

'शाद' सोचों से तआवुन[2] रहा वो लफ़्ज़ों का
ग़ैर मुम्किन को भी इम्कान[3] किया है मैंने

---

1. भरपाई 2. सहायता 3. मुम्किन।

ये काग़ज़ फाड़ देना है कि इसमें रंग भरना है
इसी इक लम्हा-ए-मौजूद में कुछ कर गुज़रना है

अब इतनी देर तो रिश्ते मुअल्लक़[1] रह नहीं सकते
निभाना है तआल्लुक़ या बताओ तर्क करना है

नशेबों को हिक़ारत[2] की नज़र से देखने वाले
तुझे भी एक दिन आख़िर बुलन्दी से उतरना है

मैं उस अहसास के मजबूर शीराजे[3] की सूरत हूँ
जिसे यकजाई के पैकर[4] की हद ही में बिखरना है

ये तेरे सामने जो वक़्त का धुंधला सा शीशा है
इसी में अक्स अपना देखना है और सँवरना है

कुशादा और कर ले 'शाद' अपने दिल के आँगन को
कि इक दरवेश-ए-वहशत को यहाँ पर रक़्स करना है

---

1. लटका हुआ 2. घृणा 3. ढेर 4. आकार।

यूँ बज़ाहिर तो बहुत ख़ामोश सा रहता हूँ मैं
अपने बातिन[1] के ख़ला में चींख़ता रहता हूँ मैं

मेरे सारे ग़म छुपा लेती हैं मेरी पत्तियाँ
देखने वालों की नज़रों में हरा रहता हूँ मैं

जेर कर देती है मुझको वो हवा फिर ख़ाक में
जिसके शानों[2] पर नशे में झूमता रहता हूँ मैं

लोग अपने साए की तशहीर[3] करते हैं जहाँ
अपने पैकर की पनाहों में छुपा रहता हूँ मैं

राब्ता रहता है मेरा अपने ख़द्दो-ख़ाल[4] से
आईने से हाल अपना पूछता रहता हूँ मैं

मेरा मस्कन[5] फ़िक्र भी है, जिस्म भी है, घर भी है
इसलिए तो बेअमाँ हूँ जा-बजा रहता हूँ मैं

'शाद' दरवाजे ही दरवाजे हैं मेरी ज़ात में
जिसका जी चाहे चला आए खुला रहता हूँ मैं

---

1. अन्दर की दुनिया 2. काँधों 3. विज्ञापन 4. नैन-नक़्श 5. ठहरने की जगह।

न इज़्तिराब[1] ने दिल के, न बदहवासी ने
मुझे उदास किया है तिरी उदासी ने

दयारे-रूह से लेकर दयारे-जिस्म तलक
कहाँ-कहाँ मुझे ढूँढा है ख़ुदशनासी[2] ने

न कोई छाँव में बैठा, न कोई शाख़ों पर
शजर को तन्हा किया उसकी बेलिबासी ने

वो शाहज़ादे की बदकारियों की नज़्र हुए
जो ख़्वाब देखे थे महलों की एक दासी ने

---

1. बेचैनी 2. ख़ुद की पहचान।

38

लम्हा-ए-मौजूद से यूँ रफ़्तगाँ[1] हो जाएंगे
क्या ख़बर थी एक दिन हम दास्ताँ हो जाएंगे

बस इसी डर से नहीं खोले उम्मीदों के सदफ़[2]
गर कोई मोती न निकला रायगाँ हो जाएंगे

जिन मनाज़िर की मिरी आँखों को आदत पड़ गई
क्या करूँगा मैं जब आँखों से निहाँ[3] हो जाएंगे

सिर्फ़ नींदों तक ही गर महदूद रक्खेगा इन्हें
फिर तो तेरे ख़्वाब तुझ से सरगराँ[4] हो जाएंगे

देख लेना ये जो सब सरगोशियों में मह्व है
बोलने को कह दिया तो बेज़बाँ हो जाएंगे

धूप में जलने लगो तो याद कर लेना हमें
कुछ पलों के वास्ते तो सायबाँ हो जाएंगे

कितने दरियाओं की वुसअत इक समन्दर खा गया
खुशगुमानी थी जिन्हें हम बेकराँ हो जाएंगे

---

1. अतीत 2. सीप 3. छुपा हुआ 4. नाराज।

हम ख़सो-ख़ाशाक[6] हैं इंकार कर सकते नहीं
जिस तरफ़ ले जाएगी मौजे-रवाँ हो जाएंगे

कुछ अनासिर[7] ख़ाक में होंगे तो कुछ अफ़लाक में
मिट के भी हम कुछ यहाँ और कुछ वहाँ हो जाएंगे

'शाद' गर बेदारियों से ये मरासिम[8] ही रहे
दिन की सूरत, रात के भी राजदाँ हो जाएंगे

---

6. घास-फूस 7. तत्वों 8. जान-पहचान।

बस इतनी तकरार है बाहम[1], बस इतना सा झगड़ा है
ज़ाहिर दुनियादार बहुत है, बातिन सीधा-सादा है

देखें पहले सनद मिलती है, किसको दुनिया वालों से
इक पहचान मिरी तहरीरें, इक पहचान ये चेहरा है

फिर इक बार हवा की ख़ातिर, शीराजा[2] तैयार किया
अपने गिर्दो-पेश से खुद को, फिर इक बार समेटा है

कहने वाली बात नहीं है, अपनी ही रुस्वाई है
मुझको चाँद का भेस बनाकर, इक जुगनू ने लूटा है

अपनी ज़ात से बाहर निकलूँ, फिर दुनिया तसख़ीर[3] करूँ
सात समन्दर पार तो कर लूँ, लेकिन पहले दरिया है

'शाद' अभी तक याद है उसका इक-इक नक़्श इन आँखों को
एक मुसलसल ख़्वाब जो हमने, बेदारी[4] में देखा है

---

1. आपस में 2. ढेर 3. बस में करना 4. जागते हुए।

ये जुगनुओं का तमाशा तो बस कुछ इक पल है
फिर उसके बाद अंधेरा है और जंगल है

गुज़र रहा है ये किन मरहलों से वहशत के
ख़बर करो कि ये किन हैरतों का पागल है

सफ़र मिरा ये जरा मुख़्तलिफ़ है औरों से
ज़मीं नहीं मिरे पैरों के नीचे दलदल है

उसी नशेब[1] की जानिब उतरता जाता हूँ
वो इक नशेब जहाँ रोशनी का मक़्तल[2] है

ज़रूर दोनों में कुछ तो है मुश्तरक[3] ऐ 'शाद'
उदास मैं ही नहीं, उसका दिल भी बोझल है

---

1. ढलान 2. क़त्लगाह 3. एक जैसा।

पड़ा है दश्त में पहला पड़ाव हमसफ़रो
ये रात कैसे कटेगी बताओ हमसफ़रो

यहाँ तो शब की ख़मोशी से, दिल लरजता है
जरा क़रीब ही ख़ेमे लगाओ हमसफ़रो

कहाँ का अज़्मे-सफ़र[1] है, कहाँ से आए हैं
न पूछो हमसे तुम अपनी सुनाओ हमसफ़रो

है इन्तजार में सूरज, नए सफ़र के लिए
हिसारे-जात[2] से बहार तो आओ हमसफ़रो

अब और सह न सकूँगा अजाबे-हमसफ़री
भरे नहीं अभी माज़ी के घाव हमसफ़रो

चलो इक और तमाशे का इख़्तेताम[3] हुआ
इक और रात का पर्दा गिराओ हमसफ़रो

---

1. सफ़र का इरादा 2. अन्दरूनी क़ैद 3. अंत।

अक्स की भी आँखें भर आएं, ऐसी नज़रों से मत देख
आईने में अपना चेहरा, भीगी आँखों से मत देख

तुझको शायद इल्म नहीं है, गहन[1] लगा सूरज हूँ मैं
अंधा हो जाएगा मुझको, नंगी आँखों से मत देख

मौजों की यलग़ार[2] से लड़, कोशिश कर बाहर आने की
साहिल के ये दिलकश मंज़र, डूबी आँखों से मत देख

शब की तारीकी[3] में इक, आवाज ने ये सरगोशी की
मैं हूँ किरन उम्मीद की मुझको, बुझती आँखों से मत देख

आख़िर तू भी हो ही गया बेज़ार[4] सुनहरे ख़्वाबों से
कितना समझाया था इनको, गहरी आँखों से मत देख

---

1. ग्रहण 2. चढ़ाई 3. अंधेरा 4. परेशान।

न मंज़िलों की रसाई, न रास्ता हासिल
अगर मैं अपने तआक़्क़ुब[1] में हूँ तो क्या हासिल

मिरी हवस तुझे पैकर[2] बनाना चाहती थी
मगर तू इश्क़ को किस शक्ल में हुआ हासिल

न जाने कितनी ख़मोशी की बर्फ़ पिघली है
तो आबशार[3] की सूरत हुई सदा हासिल

बताया मुझको गुज़िश्ता[4] ने और फ़र्दा[5] ने
यही तो लम्हा-ए-मौजूद है तिरा हासिल

मैं हर तरफ़ से किनारा हूँ इस समन्दर का
हुआ है बन के जज़ीरा[6] ये मरतबा[7] हासिल

वो बेनियाज मुसाफ़िर हूँ मैं कि जिसके लिए
न ये ज़वाल[8] ख़सारा, न इरतिक़ा[9] हासिल

चलो ढलीं तो ये सोचें सुख़न के लफ़्ज़ों में
हुई बरहना[10] ख्यालों को इक क़बा[11] हासिल

---

1. पीछा 2. मूर्ति 3. झरना 4. पिछला 5. भविष्य, आने वाले दिन 6. द्वीप 7. सम्मान
8. अवन्ति 9. तरक्क़ी 10. नंगा 11. लिबास।

मिरे मिज़ाज का बारे-गराँ[1] उठाए क्यों
ख़फ़ा हूँ ख़ुद से तो दुनिया मुझे मनाए क्यों

ज़रूर मुझ सा कोई दुख तुझे भी है सूरज
उसी नशेब में उतरे तिरे भी साए क्यों

वो इज़्तिराब[2] कि जिसका कोई जवाज नहीं
मिरे वजूद पे यूँ अपना हक़ जताए क्यों

पलट के देखा नहीं था सफ़र पे जाते हुए
अब अपने अह्दे-गुज़िश्ता[3] में लौट आए क्यों

कहा ये चाँद ने शब से कि बेज़रर[4] ही सही
ये जुगनुओं के दिए फिर भी जगमगाए क्यों

अनापरस्त[5] है वो भी तो 'शाद' मेरी तरह
शिकस्ते-ख़्वाब[6] का मंज़र मुझे दिखाए क्यों

---

1. भारी बोझ 2. बेचौनी 3. अतीत 4. हानिरहित 5. स्वाभिमानी 6. ख़्वाब का टूटना।

वो मेरा हाल न पूछे मिरी ज़बानी क्यों
करें ये अश्क ही जज़्बों की तर्जुमानी क्यों

मिरे वजूद का रिश्ता अगर ज़मीन से है
अजाब टूटते हैं मुझ पे आसमानी क्यों

उदास आँखों में किर्चें शिकस्ता-ख़्वाबों[1] की
हर एक रात की आख़िर वही कहानी क्यों

मिरी रसाई नहीं जब मिरे किनारों तक
तो चाहता हूँ समन्दर सी बेकरानी[2] क्यों

ख़बर थी जब कि सितारों से लड़ नहीं सकते
तो जुगनुओं ने अंधेरों की बात मानी क्यों

लबों से दिल ने शिकायत की, मुस्कुराहट की
ये मेरे हाल की आख़िर ग़लतबयानी क्यों

---

1. ख़्वाब का टूटना 2. असीमित।

मिलाकर साए को क़ामतदराजी[1] कर नहीं सकता
मैं चाहूँ भी तो ऐसी जालसाजी कर नहीं सकता

बहुत ज़िद्दी है ये बातिन मिरा अपनी सी करता है
इसे ज़ाहिर किसी सूरत भी राजी कर नहीं सकता

मैं कैसे आने वाली साअतों का इश्क़ ठुकरा दूँ
तिरी ख़ातिर तो मैं फ़र्दा[2] को माज़ी[3] कर नहीं सकता

है अब ये ज़िन्दगी पर कब पलटती है बिसात अपनी
मैं अपने तौर पर तो ख़त्म बाजी कर नहीं सकता

बिछाकर जानमाजे-दिल इबादत[4] कर मुहब्बत की
कोई सजदा तुझे वरना नमाजी कर नहीं सकता

बहुत मश्कूक[5] लगते हैं ये सब अतराफ़[6] के पत्थर
मैं इस माहौल में आईनासाजी कर नहीं सकता

---

1. क़द को बड़ा करना 2. भविष्य 3. अतीत 4. पूजा 5. संदिग्ध 6. आसपास।

मिरे अहसास की ये तर्जुमानी[1] क्यों नहीं बनते
अगर ये लफ़्ज सच्चे हैं तो मानी क्यों नहीं बनते

बहुत हैरानकुन है मुन्जमिद[2] हो जाना अश्कों का
ये आँखों की हरारत से भी पानी क्यों नहीं बनते

वो जिन ख़्वाबों का पीछा रोज़ो-शब[3] करती हैं उम्मीदें
मयस्सर हों तो दिल की शादमानी क्यों नहीं बनते

ये क्या इक बाब[4] की सूरत पड़े हो दास्तानों में
तुम अपने-आप में खुद इक कहानी क्यों नहीं बनते

ये मैं क्यों कट नहीं पाता हूँ मिट्टी के हवालों से
मिरे शेरों में मंज़र आसमानी क्यों नहीं बनते

---

1. व्याख्या 2. जम जाना 3. दिन-रात 4. अध्याय।

किसी अहसास के फैलाव में ज़म[1] होता रहता हूँ
ये लगता है कि जैसे रोज़ कुछ कम होता रहता हूँ

चराग़ो! क्या तुम्हारे साथ भी ऐसा ही होता है
मिरी लौ बढ़ती जाती है, मैं मद्धम होता रहता हूँ

तवाजुन[2] इस तरह रखता हूँ कुछ अन्दर के मौसम का
मैं जितना ख़ुश हूँ ख़ुद से उतना बरहम[3] होता रहता हूँ

मिरे सीने से टकराती हैं मौजें और रोती हैं
बज़ाहिर तो मैं पत्थर हूँ मगर नम होता रहता हूँ

तसादुम[4] हूँ मैं शायद इक यक़ीं और बेयक़ीनी का
जो ख़ैरो-शर[5] की सूरत ख़ुद में पैहम[6] होता रहता हूँ

मिरे अन्दर के मंज़र 'शाद' खुलकर भी नहीं खुलते
कभी ज़ाहिर, कभी मैं ख़ुद में, मुब्हम[7] होता रहता हूँ

---

1. शामिल होना 2. संतुलन 3. नाराज 4. टकराव 5. अच्छाई-बुराई 6. लगातार 7. अस्पष्ट।

मेरे वजूद[1] के ज़र्रात[2] को उड़ाती हुई
हवा चली है कोई मुझ में सनसनाती हुई

थके-थकाए हुए दिन के इन उजालों को
इक और शाम सलीक़े से शब बनाती हुई

मैं कुछ उदास से लम्हों के साथ बैठा हुआ
कोई ख़मोश सदा मुझ में गुल[3] मचाती हुई

वो ज़िन्दगी मैं जिसे चाहता था मेरी हो
गुज़र गई है मुझे दूर से लुभाती हुई

मैं अपने घर में खुशी के दिये जलाता हुआ
कोई उदासी मगर सोग सा मनाती हुई

वो आशनाई[4] जो दिलकश भी थी, हसीन भी थी
बहुत मुहीब[5] लगी है क़रीब आती हुई

इक और रायगाँ उम्मीद 'शाद' करती हुई
इक और आरज़ू फिर से फ़रेब खाती हुई

---

1. अस्तित्व 2. कण 3. शोर 4. पहचान 5. भयानक।

चुनिन्दा ग़ज़लें

1

सिमट कर रह गया हूँ बेकराँ[1] होने की कोशिश में
ज़मीं से भी गया मैं आसमाँ होने की कोशिश में

फिर उसके बाद रिश्ता कट गया मेरा उजालों से
बुझा था एक शब यूँ ही धुआँ होने की कोशिश में

मुकम्मल फ़िक्र कब अल्फ़ाज[2] के पैकर[3] में ढलती है
बहुत कुछ रह भी जाता है बयाँ होने की कोशिश में

कभी दरिया की मौजें थक गईं अपनी रवानी में
कहीं है झील का पानी रवाँ होने की कोशिश में

ये लगता है कि फिर अश्कों की बारिश होने वाली है
है इक अहसास फिर दिल पर गराँ होने की कोशिश में

अब इतना भी न पुरअसरार[4] रख अपने रवैये को
तू ज़ाहिर होता जाता है निहाँ[5] होने की कोशिश में

तकल्लुम[6] चाहती है 'शाद' मुझसे शब की ख़ामोशी
लगा हूँ मैं भी इसका हमज़बाँ होने की कोशिश में

---

1. असीमित 2. शब्द 3. आकार 4. रहस्यमय 5. छुपा 6. बात करना।

2

ये तुम हर बात लफ़्ज़ों की ज़बानी क्यों समझते हो
सुकूत-ए-लब[1] को आख़िर बेमआनी[2] क्यों समझते हो

ये मुम्किन है यहीं तक हो तुम्हारी ताब-ए-बीनाई[3]
नज़र की हद को आख़िर बेकरानी[4] क्यों समझते हो

अगर सच है तुम्हारी मौत का इक दिन मुअय्यन[5] है
तो फिर इस तयशुदा को नागहानी[6] क्यों समझते हो

यक़ीं रक्खो समन्दर की सख़ावत[7] पर यक़ीं रक्खो
हमेशा ख़ाली हाथ आएगा पानी क्यों समझते हो

मेरे अश्आर[8] में जो दर्द की शिद्दत है मेरी है
मेरे एहसास को अपनी कहानी क्यों समझते हो

यहाँ ज़ाहिर का चेहरा मुख़्तलिफ़ होता है बातिन[9] से
खुली रंगत को दिल की शादमानी क्यों समझते हो

---

1. होंटों की ख़ामोशी 2. व्यर्थ 3. देखने की शक्ति 4. असीमित होना 5. निश्चित
6. जो अचानक हो जाए 7. दानशीलता 8. शेरों 9. छुपा हुआ।

3

हवा के सामने अब ये तमाशा क्यों किया जाए
बिखरने के लिए फिर खुद को यकजा[1] क्यों किया जाए

करें कुछ तजज़िया[2] उनका, सबब समझें जरा उनके
सफ़र ख़्वाबों का यूँ ही बेइरादा क्यों किया जाए

अब उनके हाल ही पर छोड़ दो देरीना[3] जख़्मों को
गर उनको भर नहीं सकते तो गहरा क्यों किया जाए

ये धोखा ही सही कुछ पल इसी धोखे में जीते हैं
खुशी के इन सराबों[4] को भी सहरा क्यों किया जाए

अगर हिम्मत नहीं तन्हाई से आँखें मिलाने की
तो इक पल के लिए भी खुद को तन्हा क्यों किया जाए

मुझे मेरी ही शर्तों पर करे तस्लीम[5] ये दुनिया
अब इससे और कम पर 'शाद' सौदा क्यों किया जाए

---

1. इकठ्ठा 2. विश्लेषण 3. पुराने 4. मरीचिका 5. स्वीकार।

हम इस दयार[1] के इस ख़ाकदाँ के थे ही नहीं
वहीं पे आके बसे हैं जहाँ के थे ही नहीं

थे जिसका मरकज़ी[2] किरदार एक उम्र तलक
पता चला कि उसी दास्ताँ के थे ही नहीं

सफ़र से लौट के हैरत हुई परिन्दे को
ये ख़ार-ओ-ख़स[3] तो मेरे आशियाँ के थे ही नहीं

हर एक रंग में देखा है इसको आँखों ने
ये रंग पहले कभी आसमाँ के थे ही नहीं

हमें बहार के मौसम में ले उड़ी है हवा
वो बर्ग-ए-जर्द[4] हैं हम जो ख़िज़ा[5] के थे ही नहीं

इसी लिए नहीं रखा हिसाब साँसों का
कि मस्अले कभी सूद-ओ-ज़ियाँ[6] के थे ही नहीं

तलाश करते हो क्यों 'शाद' गुज़रे लम्हों को
वो राहरौ[7] तो किसी कारवाँ के थे ही नहीं

---

1. स्थान 2. केन्द्रीय 3. काँटे और तिनके 4. पीलापत्ता 5. पतझड़ 6. हानि लाभ 7. पथिक।

5

ख़्वाब-ओ-ताबीर[1] का धोका सा बना रक्खा है
हमको इक शख़्स ने अपना सा बना रक्खा है

एक उम्मीद जला रक्खी है तारीकी[2] में
और उस लौ से उजाला सा बना रक्खा है

जब भी जी चाहे हवा रक़्स-ए-जुनूँ[3] करने लगे
दश्त को एक तमाशा सा बना रक्खा है

लौट कर अहद-ए-गुज़िश्ता[4] से कोई आता है क्या
तुमने माज़ी[5] को जो फ़र्दा[6] सा बना रक्खा है

कोई तस्वीर मुकम्मल तो कभी की होती
क्यों हर एक नक़्श अधूरा सा बना रक्खा है

'शाद' ये जख़्म कोई मस्अला ऐसा तो नहीं
बेसबब मौज को दरिया सा बना रक्खा है

---

1. स्वप्न फल 2. अंधेरा 3. उन्माद का नृत्य 4. गुज़रा हुआ जमाना 5. भूतकाल 6. भविष्य।

6

मुझे मेरे मुक़ाबिल बरसर-ए-पैकार[1] करके
वो पीछे हट गया एहसास पर इक वार करके

ये नक़्शा कब तलक यूँ ही ख़यालों में रहेगा
चलो अब देख लें इसको दर-ओ-दीवार करके

मैं इक हल्की सी दस्तक से भी खुल सकता था लेकिन
वो आया भी तो मुझ में सारे दर मिस्मार[2] करके

ख़मोशी भी लरजती हो जहां अर्ज़-ए-तलब[3] से
वहाँ तो लफ़्ज मर ही जाएंगे इजहार करके

ये साया साथ चलने को कहाँ राजी था मेरे
बड़ी मुश्किल से लाया हूँ इसे तैयार करके

यूँ ही करती रहे दुनिया भी मुझको ग़म फ़राहम[4]
उसे देता रहूँ मैं तज्रबे अशआर करके

---

1. युद्धरत 2. चकनाचूर 3. इच्छा प्रकट करना 4. उपलब्ध।

ये शक्ल हो ही नहीं सकती शादमानी[1] की
हलफ़ उठा के भी तुम ने ग़लत बयानी की

ये काम जब न हुआ लडखड़ाते लफ़्ज़ों से
तो दिल के हाल की अश्कों ने तर्जुमानी[2] की

ठहर यहीं पे समन्दर मैं तेरा साहिल हूँ
यहीं तलक हैं हदें तेरी बेकरानी[3] की

सफ़र शुरु किया था तो कब ये सोचा था
ये इन्तिहा भी कभी होगी इस कहानी की

वो भेजता रहा ख़ामोशियों के ख़त हमको
समझ सके न जबाँ हम ही बेज़बानी की

अजीब हब्स[4] का मौसम था 'शाद' आँखों में
किसी की दीद ने रंगत जरा सुहानी की

---

1. खुशी 2. अनुवाद 3. विस्तार 4. घुटन।

मेरे एहसास के ग़ारों[1] में सब कुछ जल रहा है
ये लगता है कि मुझमें कोई सूरज ढल रहा है

न जाने क्या सफ़र है ये कि मैं ठहरा हुआ हूँ
मेरे अतराफ़[2] का इक-एक मंज़र चल रहा है

मेरी परवाज़ की कब से फ़िज़ाएं मुन्तज़िर[3] हैं
मगर ये फ़ैसला मेरी तरफ़ से टल रहा है

मेरी उम्मीद जिस गौहर[4] के सपने देखती है
समन्दर के न जाने किस सदफ़[5] में पल रहा है

कभी सोचा है क्यों है आज वो बेज़ार[6] तुझ से
जो इतने साल तेरे प्यार में पागल रहा है

कम-अज-कम धूप का किरदार तो ज़ाहिर था मुझ पर
मुझे इस छाँव का एहसान लेना खल रहा है

तबीअत में किसी ने घोल दी ऐसी उदासी
कि अक्सर 'शाद' लम्हों में भी दिल बोझल रहा है

---

1. गड्ढे 2. चारों तरफ़ 3. प्रतीक्षारत 4. मोती 5. सीप 6. विमुख।

सिर्फ़ जीने के लिए तो रोज़ मर सकता नहीं
ज़िन्दगी में और ये बहरूप भर सकता नहीं

फिर भला मैं क्या मुसव्विर[1] हूँ अगर तस्वीर में
अपनी मर्ज़ी का कोई भी रंग भर सकता नहीं

देख ले इस शख़्स को रोता हुआ भी देख ले
तुझ को लगता था ये शीराजा[2] बिखर सकता नहीं

अब तो साहिल की सदाओं ने भी चुप्पी साध ली
जानती हैं डूबने वाला उभर सकता नहीं

जाने अनजाने ही तूने कुछ पिया तो है ज़रूर
जहर वर्ना खुद रगों में तो उतर सकता नहीं

---

1. चित्रकार 2. व्यवस्था।

10

दर्द कब मिटता है कोई ज़ख़्म भर जाने के बाद
दश्त हो जाता है क्या दरिया उतर जाने के बाद

रोज़ चुभता है हवा का तंज़[1] दिल में तीर सा
अब बता क्या हाल है तेरा बिखर जाने के बाद

क्यों दिखाते हो मुझे तुम मेरा माज़ी[2] बार-बार
डूबना अच्छा नहीं लगता उभर जाने के बाद

इतने बद-अंदेश[3] निकलोगे कभी सोचा न था
आईना ही तोड़ दोगे तुम सँवर जाने के बाद

खुश लिबासी का तमाशा तो है दुनिया के लिए
फिर वही कपड़े पहन लेता हूँ घर जाने के बाद

ख़्वाब ने पूछा बहुत डरते हुए ताबीर[4] से
क्या करूँगा मैं तेरी हद से गुज़र जाने के बाद

'शाद' ये अफ़्कार[5] की जादूगरी का है कमाल
कितने चेहरे आज भी ज़िन्दा हैं मर जाने के बाद

---

1. ताना 2. भूतकाल 3. शंकालु 4. स्वप्न फल 5. चिंतन।

बोझिल ज़ेहन ने शब भर रक्खा आँखों को दुश्वारी में
कुछ लम्हे नींदों में गुज़रे, कुछ लम्हे बेदारी में

वक़्त मिले तो इक दिन देखो वो चेहरे किस हाल में हैं
जिनको रख कर भूल गए हो यादों की अलमारी में

फिर भीगी आँखों से देखा पेड़ ने अपनी शाख़ों को
आज भी थे कुछ सूखे पत्ते गिरने की तैयारी में

उसको तो अपने एहसास के क़द तक लाना मुश्किल था
हमने ख़ुद को काट लिया है रिश्तों की हमवारी में

आँखों की मजबूरी थी जो कुछ भी दिखाया ख़्वाबों ने
कुछ मंज़र हैरत में देखे, कुछ मंज़र बेज़ारी में

'शाद' यहाँ तो चटकीले रंगों की क़ीमत मिलती है
तुमने नाहक़ ख़ून मिलाया लफ़्ज़ों की गुलकारी में

इस इन्तिशार[1] का कोई असर भी है कि नहीं
तुझे ज़वाल[2] की अपने ख़बर भी है कि नहीं

कहीं फ़रेब न देती हों मिल के कुछ मौजें
जहाँ तू डूब रहा है भँवर भी है कि नहीं

यक़ीन करने से पहले पता लगा तो सही
कि तेरे दिल की सदा मोतबर[3] भी है कि नहीं

ये रोज़ अपने तआक़ुब[4] गें दर बदर फिरना
बता मुसाफ़त-ए-हस्ती[5] सफ़र भी है कि नहीं

कभी तो अपने ख़जीने उछाल साहिल पर
किसी सदफ़[6] में ये देखें गुहर[7] भी है कि नहीं

मैं जिस की शाख़ पे छोड़ आया आशियाँ अपना
ये सोचता हूँ कि अब वो शजर[8] भी है कि नहीं

हवा से ले तो लिया ढेर सूखे पत्तों का
न जाने राख में मेरी शरर[9] भी है कि नहीं

मैं जिस के चाक पे रक्खा हूँ 'शाद' ढलने को
मुझे तो शक है कि वो कूज़ागर[10] भी है कि नहीं

---

1. बिखराव 2. पतन 3. विश्वसनीय 4. तलाश 5. जीवन अवधि 6. सीप 7. मोती 8. पेड़
9. चिंगारी 10. कुम्हार।

13

और इक बार ये गिर्दाब[1] उभारे मुझको
ठीक से देख लें दरिया के किनारे मुझको

मैंने एहसास के ख़ाशाक[2] में रक्खा उनको
उसने तोहफ़े में दिए थे जो शरारे[3] मुझको

अपने आसाब[4] पे क्यों मुझको लिए फिरता है
मैं अगर बोझ हूँ उस पर तो उतारे मुझको

मैं भी तकता हूँ सितारों को बड़ी हसरत से
देखते हैं बड़ी हसरत से सितारे मुझको

मैं तो झरनों से निकलता हुआ इक नग़्मा था
ले के आए हैं कहाँ वक़्त के धारे मुझको

मैं जज़ीरा[5] था मगर अपनी अना में गुम था
कब समझ आए समन्दर के इशारे मुझको

---

1. भंवर 2. घास फूस 3. चिंगारियाँ 4. स्नायुमंडल 5. द्वीप।

14

निकल वजूद की इस हद से बेकराँ[1] हो जा
बस इक चिराग़ सा जल और फिर धुवां हो जा

मेरे क़रीब से होकर अगर गुज़रना है
मेरे मिज़ाज के मौसम का राजदाँ[2] हो जा

तू अपने दिल की सदाओं को मुस्तरद[3] कर दे
कि मस्लहत[4] का तक़ाजा है बेजुबाँ हो जा

किसी के नक़्श-ए-क़दम पर कोई नहीं चलता
मिटा दे सारे नुक़ूश[5] और बेनिशाँ हो जा

ये लोग हद्द-ए-नज़र पर यक़ीन रखते हैं
तू अपनी ख़ाक से उठ और आसमाँ हो जा

ये बेहुनर तेरी क़ीमत लगाने आए हैं
यही है हक़ में तिरे 'शाद' रायगाँ[6] हो जा

---

1. जिसका किनारा न हो 2. भेद जानने वाला 3. रद्द 4. चतुराई 5. चिन्ह 6. व्यर्थ, बेकार।

15

मैं मानता हूँ मेरा ज़ख़्म भर गया यारो
मगर जो जहर लहू में उतर गया यारो

पलट के देखा नहीं उस हवा के झोंके ने
मैं अपने गर्द कहाँ तक बिखर गया यारो

इक और ख़्वाब ने कल रात खुदकशी कर ली
मगर ये ख़ून भी आँखों के सर गया यारो

ये किस ज़वाल[1] पे पहुँचा है ऐतमाद[2] मेरा
ये किस नशेब[3] में सूरज उतर गया यारो

जहाँ नहीं है रसाई[4] किसी परिन्दे की
मैं उस उरूज[5] पे बे बाल-ओ-पर गया यारो

मैं इसका 'शाद' कहाँ तक हिसाब रखूँगा
मैं किन पलों में जिया, किन में मर गया यारो

---

1. पतन 2. भरोसा 3. गहराई 4. पहुँच 5. ऊँचाई।

16

कभी एहसास लफ़्ज़ों में बयाँ करना नहीं आया
हमें इस बेज़बानी को जुबाँ करना नहीं आया

मिला हर ख़्वाब हम से इक अनोखी दास्ताँ लेकर
हमें इक ख़्वाब को भी दास्ताँ करना नहीं आया

किसी सूरत ये ख़ार-ओ-ख़स[1] तो यकजा कर लिए तूने
तुझे इन ख़ार-ओ-ख़स को आशियाँ करना नहीं आया

न जाने तरबीयत[2] किस आग ने की उन चराग़ों की
कि बुझ कर भी जिन्हें अब तक धुवाँ करना नहीं आया

तो फिर किस काम की ठहरी भला ये दिल की गहराई
अगर इक दर्द को दर्द-ए-निहाँ करना नहीं आया

बदलते मौसमों का क्या यक़ीं करना अगर उनको
सलीक़े से बहारों को ख़िज़ाँ[3] करना नहीं आया

यहाँ तो लोग जर्रें को भी कर देते हैं सय्यारा
हमें तो आसमाँ को आसमाँ करना नहीं आया

यूँ कहने को तो हम भी 'शाद' दुनियादार थे लेकिन
हिसाब-ए-इश्क़ में सूद-ओ-ज़ियाँ[4] करना नहीं आया

---

1. काँटे और घासफूस 2. पालन-पोषण 3. पतझड़ 4. लाभ-हानि।

17

जिन में मैं ज़िन्दा था वो लम्हात लेकर उड़ गई
एक आँधी जैसे मेरी ज़ात लेकर उड़ गई

आज फिर मायूस होना पड़ गया एक ख़्वाब को
नींद आँखों से गुज़रती रात लेकर उड़ गई

मुन्तशिर[1] जब हो गया पूरी तरह मेरा वजूद
इक हवा आई मेरे ज़र्रात[2] लेकर उड़ गई

क्या ख़बर किस दश्त में जाकर बरसना है उसे
जो समन्दर धूप अपने साथ लेकर उड़ गई

एक तितली फूल से आई थी लेने खुशबुएं
और जितनी मिल गई ख़ैरात लेकर उड़ गई

'शाद' शाख़ों से जड़ों तक चीख़ उठा इक शजर
खुश्क पत्तों को हवा जब साथ लेकर उड़ गई

---

1. बिखरना 2. कण।

18

अब यहाँ से कोई मंज़िल है न रस्ता अपना
तुमने किस मोड़ पे बदला है इरादा अपना

फ़र्क़ बस ये है उड़ानों में तिरी और उनकी
याद रहता है परिन्दों को ठिकाना अपना

ये हमें कैसे कहानी में किया तुमने शरीक
किसी किरदार से मिलता नहीं चेहरा अपना

मैं वो मजबूर मदारी हूँ जिसे देखना है
हर तमाशाई की आँखों में तमाशा अपना

मैंने हर रात नज़र रक्खी है इक तारे पर
और फिर डूबते देखा वही तारा अपना

बेकराँ[1] होने की चाहत में तुझे क्या मालूम
रोज़ तू काटता रहता है किनारा अपना

कुछ तो मजबूर रहा होगा समन्दर वरना
कौन दानिस्ता[2] डुबोता है जज़ीरा[3] अपना

'शाद' हम आ तो गए संग-सिफ़त[4] बस्ती में
फिर भी एहसास से टूटा नहीं रिश्ता अपना

---

1. जिसका किनारा न हो 2. जानबूझ कर 3. द्वीप 4. पत्थर जैसी।

मेरे ख़्वाब कैसे झुलस गए, मेरे दिल का कितना ज़ियाँ[1] हुआ
कभी पूछ मुझ से ये कर्ब[2] भी, मैं शरर से कैसे धुवाँ हुआ

मैं जो एक शब को ठहर गया, किसी अजनबी से दयार में
कोई मुन्तज़िर[3] था मेरा वहां, मुझे जाने क्यों ये गुमाँ[4] हुआ

ये मेरी सरिश्त[5] है क्या करूँ, मेरा मौसमों सा मिज़ाज है
कभी खिल उठा किसी फूल सा, किसी पल बरंग-ए-ख़िज़ाँ[6] हुआ

मैं वो चाँद हूँ सर-ए-आसमाँ कि जो बादलों में असीर है
न जहूर[7] में कभी आ सका, न ही ज़ुल्मतों[8] में निहाँ[9] हुआ

तेरी आबयारी लहू से की, हुआ सर्फ़-ए-जाँ[10] तिरे इश्क़ में
मगर ऐ जमाल-ए-सुख़नवरी[11] तेरा हक़ अदा ही कहाँ हुआ

---

1. नुक़सान 2. दुख 3. प्रतीक्षारत 4. भ्रम 5. स्वभाव 6. पतझड़ के रंग का
7. प्रकट होना 8. अंधेरा 9. डूबना 10. जान देना 11. बात का सौन्दर्य।

सामने बस ये ख़याल-ओ-ख़्वाब की दुनिया न रख
बे-नियाजी[1] मुझको, मुझ से बेख़बर इतना न रख

फ़ायदा ख़ुश फ़हमियों में मुब्तिला[2] होने से क्या
जिस्म की पैमाइशों में अपना ये साया न रख

कब तलक अक्सों से बहलाएगा मुझको आईने
अब कोई पहचान भी दे यूँ ही बेचेहरा न रख

इस तरफ़ से उस तरफ़ जाना भी क्या मक़्सद हुआ
साहिलों की हद में अपनी फ़िक्र का दरिया न रख

रोग बन जाती है अक्सर जान की तन्हाईयाँ
घुट के मर जाएगा ख़ुद को इस क़दर तन्हा न रख

तू परिन्दा है बस अपनी तिश्नगी रख ध्यान में
चाँद की दीवानगी सा झील से रिश्ता न रख

'शाद' वाज़ेह[3] हो न जाएं और भी ग़म के नुक़ूश[4]
मुस्कुराहट में छुपाकर अपना ये चेहरा न रख

---

1. निस्पृह होना 2. जुड़ना 3. प्रकट 4. चिन्ह।

अंधेरों से पनाहों की उम्मीदें ले के आए हैं
कि हम ढलती हुई इक धूप के मजबूर साए हैं

हमें तश्हीर[1] की ख़्वाहिश नहीं बस रोशनी की है
किसी को मत बताना ये दिए हमने जलाए हैं

शजर[2] के हर नशेमन[3] में चहकने की हैं आवाज़ें
ये लगता है उड़ानों से मुसाफ़िर लौट आए हैं

न जाने बेदिली से कितना समझाया भी है दिल को
न जाने कितने अनचाहे तअल्लुक़ भी निभाए हैं

---

1. विज्ञापन 2. पेड़ 3. घौंसला।

तभी रद्द-ए-अमल[1] मेरा जरा कुछ मुख़्तलिफ़[2] है
कि दुनिया तुझ से मेरा वास्ता कुछ मुख़्तलिफ़ है

तुझे ये ज़ोम[3] तू है मोतबर[4] सबकी नज़र में
मगर मेरी नज़र का ज़ाविया[5] कुछ मुख़्तलिफ़ है

मैं पहले भी इन्हीं तीरों से ही जख़्मी हुआ हूँ
तिरी बातों का लेकिन ज़ायक़ा कुछ मुख़्तलिफ़ है

तिरी हर इक ख़ता मैं दर-गुज़र करता रहा हूँ
मगर इस बार मेरा फ़ैसला कुछ मुख़्तलिफ़ है

बहुत आसान थी उसलूब-ए-फ़न[6] की राह लेकिन
चुना जो 'शाद' हमने रास्ता कुछ मुख़्तलिफ़ है

---

1. प्रतिक्रिया 2. अलग 3. घमंड 4. भरोसे लायक़ 5. पहलू 6. कला के नियम।

अपने गिर्द उठाई हैं जो दीवारें मिस्मार[1] करूँ
तुझ तक भी पहुचूँगा पहले अपनी हद तो पार करूँ

ऐसे तो नामुमकिन है पैमाइश[2] अपने पैकर[3] की
अपने क़द में साया जोड़ूँ या साया हमवार करूँ

अपनी मौजों और भँवर पर मेरा बस चलता ही नहीं
वरना मैं तो फूल की सूरत हर कश्ती को पार करूँ

उसको है मालूम हर इक रस्ता मुझ में दर आने का
इतने दरवाज़े हैं मुझ में किस-किस को दीवार करूँ

सीधा-सादा मस्लहतों[4] का एक तअल्लुक़ है उससे
क्यों जज़्बात की रौ में बहकर आसानी दुश्वार करूँ

'शाद' इसी काविश[5] में अब तक सर्फ़[6] किया खुद को मैंने
जिन रंगों में सोचूँ खुद को उनमें ही इजहार करूँ

---

1. चकनाचूर 2. नापना 3. आकृति 4. स्वार्थ 5. प्रयत्न 6. ख़र्च।

उजालों से बचाकर ख़ुद को ज़िन्दा रह भी सकता है
चराग़ों के तले शब भर अंधेरा रह भी सकता है

गुज़र जिस का सराबों पर रहा हो दश्त-ए-इम्काँ[1] में
यक़ीनन अब्र[2] के मौसम में प्यासा रह भी सकता है

दर-ओ-दीवार में तब्दील घर तो कर लिया तूने
अब इस वहशत कदे में क्या अकेला रह भी सकता है

कभी मेरा सफ़र देखो तो शायद हो यक़ीं तुमको
कि होकर जज़्ब इक सहरा में दरिया रह भी सकता है

हमारे तजरबे लाज़िम[3] नहीं हैं, एक जैसे हों
जो मेरा रह नहीं पाया वो तेरा रह भी सकता है

अगर भर भी दे सूरज 'शाद' मेरा घर शुआओं[4] से
किसी पोशीदा[5] गोशे[6] में अंधेरा रह भी सकता है

---

1. संभावना का रेगिस्तान 2. बादल 3. आवश्यक 4. रोशनियों 5. छुपे 6. कोना।

बदलता है जो मौसम भी तो शिकवा करने लगते हो
जरा सी बात पर तुम तो तमाशा करने लगते हो

न जाने क्या अदावत[1] है तुम्हें दैरीना[2] जख़्मों से
ये जब भरने को होते हैं तो गहरा करने लगते हो

ये ख़ुद को कर लिया है मुब्तिला किस ख़ौफ़ में तुमने
कि हर मुब्हम[3] सी शय को एक चेहरा करने लगते हो

तुम्हारे इस अमल[4] से फ़र्क़ क्या पड़ता है सूरज को
जो पर्दे खींचकर घर में अंधेरा करने लगते हो

तभी तो ख़ुशबूएं मिलती हैं तुमसे फ़ासला रखकर
कि छूकर भी गुज़र जाएं तो पीछा करने लगते हो

इसी पल में तुम्हारे मुन्तशिर[5] होने का ख़दशा[6] है
कि यकजा होके भी जब ख़ुद को यकजा करने लगते हो

तभी तो 'शाद' रुस्वा है तुम्हारी प्यास सहरा में
सराबों के छलावों पर भरोसा करने लगते हो

---

1. दुश्मनी 2. पुराने 3. धुँधली 4. काम 5. बिखरना 6. डर।

बुझा के मुझमें, मुझे बेकराँ[1] बनाता है
वो इक अमल जो शरर को धुवाँ बनाता है

न जाने कितनी अज़ीयत[2] से ख़ुद गुज़रता है
ये ज़ख़्म तब कहीं जाकर निशाँ बनाता है

मैं वो शजर भी कहाँ जो उलझ के सूरज से
मुसाफ़िरों के लिए साएबाँ[3] बनाता है

तू आसमाँ से बादलों की कोई छत ले आ
बरहना[4] शाख़ पे क्यों आशियाँ बनाता है

अजब नसीब सदफ़[5] का कि उसके सीने में
गुहर न होना उसे राएगाँ बनाता है

फ़क़त मैं रंग ही भरने का काम करता हूँ
ये नक़्श तो कोई दर्द-ए-निहाँ बनाता है

न सोच 'शाद' शिकस्ता परों के बारे में
यही ख़याल सफ़र को गिराँ[6] बनाता है

---

1. जिसका किनारा न हो 2. मुसीबत 3. छाजन 4. नंगी 5. सीप 6. भारी।

जिसे मंज़िल समझ बैठे थे वो तो मरहला[1] निकला
नई इक सिम्त की जानिब वहीं से रास्ता निकला

मेरे बातिन[2] से बढ़कर हो गया रोशन मेरा ज़ाहिर
सदफ़[3] हैरतजदा है ये मेरे सीने से क्या निकला

किया जब अपनी आशुफ़्तासरी[4] का तजज़िया[5] मैंने
सबब उसका ज़रूरत से ज्यादा सोचना निकला

मैं उसके रख-रखाव ही के धोके में रहा अब तक
बहुत सैराब लगता था मगर सहरानुमा निकला

किसी ने 'शाद' कब लिक्खी मुकम्मल दास्ताँ अपनी
किताब-ए-ज़िन्दगी के हर वरक़ पर हाशिया निकला

---

1. पड़ाव 2. छुपा हुआ 3. सीप 4. उन्माद 5. विश्लेषण।

अब भला ऐसे दिखावे की ज़रूरत क्या थी
खुद से मिलना था तो चेहरे की ज़रूरत क्या थी

गर ये दुनिया ही तेरा हुस्न-ए-तलब ठहरी है
बेनियाजी[1] के तमाशे की ज़रूरत क्या थी

दश्त की धूप में क्यों बोझ बढ़ाया अपना
ऐसे जलते हुए साए की ज़रूरत क्या थी

जब उभरना ही न था ग़ार[2] से सूरज की तरह
फिर नशेबों[3] में उतरने की ज़रूरत क्या थी

हाशिया बन के जो खुद अपनी कहानी में रहे
ऐसा किरदार निभाने की ज़रूरत क्या थी

ख़्वाब जब खुद ही हक़ीक़त से गुरेजाँ[4] ठहरा
उसको ताबीर[5] के धोखे की ज़रूरत क्या थी

---

1. निस्पृह होना 2. गढ्ढा 3. गहराई 4. बचकर निकलने वाला 5. स्वप्नफल।

शाम तक फिर रंग ख़्वाबों का बिखर जाएगा क्या
राएगाँ[1] ही आज का दिन भी गुज़र जाएगा क्या

ढूँढना है घुप अंधेरे में मुझे इक शख़्स को
पूछना सूरज जरा मुझ में उतर जाएगा क्या

मानता हूँ घुट रहा है दम तिरा इस हब्स[2] में
गर यही जीने की सूरत हो तो मर जाएगा क्या

ऐन मुम्किन है बजा हों तेरे अंदेशे मगर
देख कर अब अपने साए को भी डर जाएगा क्या

सोच ले परवाज़ से पहले जरा फिर सोच ले
साथ लेकर ये शिकस्ता बाल-ओ-पर जाएगा क्या

एक हिजरत[3] जिस्म ने की, एक हिजरत रूह ने
इतना गहरा जख़्म आसानी से भर जाएगा क्या

'शाद' ये एहसास को जो इक जबाँ देता है तू
राएगाँ इस शोर में ये भी हुनर जाएगा क्या

---

1. व्यर्थ 2. घुटन 3. पलायन, प्रवास।

ख़ौफ़जदा हूँ देख के जो मंज़र देखा
सोचता हूँ अब क्यों अपने अन्दर देखा

हमने उन आँखों की नमी भी देखी है
दुनिया ने जिन आँखों को पत्थर देखा

मुझको मेरे साये ने गुमराह किया
हर पैकर[1] अपने क़द से कमतर देखा

ख़ामोशी की परतें गहरी होती हैं
ख़ामोशी को तुमने बस तह पर देखा

हम रक़्स-ए-तख़लीक़[2] में ऐसा मह्व[3] हुए
'शाद' कोई मरकज[4] न कोई महवर[5] देखा

---

1. आकृति 2. सृजन का नृत्य 3. डूबना 4. केन्द्र 5. धुरी।

वक़्त के रहते कोई मुदावा[1] कर सकता था
ज़ख़्म अभी नासूर नहीं था भर सकता था

फिर से वही ख़ामोशी है और तन्हाई है
दीवारों से कितनी बातें कर सकता था

क्यों बुझती आँखों में ख़्वाब भरे थे तुमने
मरने वाला आसानी से मर सकता था

तुमने कुछ उजलत[2] में मुझे ताबीर[3] किया है
वरना रंग मिरा कुछ और निखर सकता था

---

1. इलाज 2. जल्दबाजी 3. निर्माण।

ले गया था तुझसे क्या और दे रहा हूँ क्या तुझे
आईने किस मुँह से लौटाऊँ मैं ये चेहरा तुझे

मुझमें उतरा है तो ले अब इक समन्दर पार कर
अपने ख़द-ओ-ख़ाल[1] से लगता था मैं सहरा तुझे

मुझको सर करना कहाँ फिर तेरे बस की बात थी
मैं फ़सील-ए-जात[2] से देता न गर रस्ता तुझे

जाने कितनी जहर की क़िस्में हैं तुझमें ज़िन्दगी
इक नया ही जायक़ा था जब कभी चक्खा तुझे

हाँ लुभाएंगी तुझे तब तक ये सारी वुसअतें[3]
वक़्त जब तक कर न दे मेरी तरह गहरा तुझे

तू भला सूरज से क्या आँखें मिला पाएगा 'शाद'
जुगनुओं की रोशनी ने कर दिया अंधा तुझे

---

1. नैन-नक़्श 2. अस्तित्व की प्राचीर 3. विस्तार।

कुछ दिन तक तो वहशत दिल में इक कोहराम मचाती है
फिर-थक हार के तन्हा रहने की आदत पड़ जाती है

रात का ये गहरा सन्नाटा कितना अच्छा लगता है
ऐसी दिलकश ख़ामोशी किस के हिस्से में आती है

परबत की सब सर्द हवाएं लग जाती हैं ख़िदमत में
शब के ग़ारों में सूरज की थकन उतारी जाती है

कुछ नादीदा अन्देशे आँखों में उभरने लगते हैं
दिल की धड़कन जब मामूल[1] से हट कर शोर मचाती है

पल दो पल में वापस आकर क़दमों में बिछ जाएगी
ये जो गर्द-ए-राह हवा के शानों[2] पर इतराती है

उसको भी तो वहशत होगी बेआहंग[3] सदाओं से
जो उकताहट महफ़िल से तन्हाई में ले आती है

---

1. दिनचर्या 2. कंधों 3. बिना आवाज की।

कुछ पजमुर्दा[4] यादें दिल में लिपटी हैं तो हैरत क्यों
शाख़ भी तो अपने सूखे पत्तों का बोझ उठाती है

जहन तो वो मीजान[5] है जो जज़्बों[6] में तवाजुन[7] रखता है
सब कुछ इक पलड़े में तौले दिल कितना जज़्बाती है

'शाद' मिरे अशआर से क्यों ये बेगाने जुड़ जाते हैं
इनमें जो भी कर्ब[8] है, जितनी उलझन है, सब ज़ाती है

____

4. मुर्झाई 5. तराजू 6. भावनाओं 7. संतुलन 8. दर्द।

34

रगों में जहर-ए-ख़ामोशी उतरने से जरा पहले
बहुत तड़पी कोई आवाज मरने से जरा पहले

जरा सी बात है कब याद होगी इन हवाओं को
मैं इक पैकर[1] था जर्रों में बिखरने से जरा पहले

मैं अश्कों की तरह इस दर्द को भी जब्त कर लेता
मुझे आगाह तो करता उभरने से से जरा पहले

कोई सूरज से ये पूछे कि क्या महसूस होता है
बुलन्दी से नशेबों[2] में उतरने से जरा पहले

कहीं तस्वीर रुस्वा कर न दे मेरे तसव्वुर को
मुसव्विर[3] सोच में है रंग भरने से जरा पहले

सुना है वक़्त कुछ खुशरंग लम्हे ले गुज़रा है
मुझे भी 'शाद' कर जाता है गुज़रने से जरा पहले

---

1. आकृति 2. गहराई 3. चित्रकार।

अगर सूरज जरा सा धूप को सफ़्फ़ाक[1] कर दे
तो मुमकिन है कि हर साए का दामन चाक कर दे

हवा के दोश[2] पर अठखेलियाँ तो कर रहे हो
ख़बर क्या कब बगूले से तुम्हें फिर ख़ाक कर दे

जिसे दिल में छुपाए अब तलक ख़ामोश है तू
ये मुमकिन है वही वहशत तुझे बेबाक कर दे

तभी हर ख़्वाब से पहले वजू[3] करती हैं आँखें
कोई ताबीर अन्देशों से इनको पाक[4] कर दे

ये हर चेहरे में इक बेलौस चेहरा देखती है
बड़ी मासूम हसरत है इसे चालाक कर दे

ख़िजाँ के दिल में भी एक नर्म गोशा है वगरना
ये चाहे तो दरख़्तों को ख़स-ओ-ख़ाशाक कर दे

फिर उसके बाद तू इक 'शाद' चेहरा भी बनाना
मेरी मिट्टी तो कूज़ागर[5] सुपुर्द-ए-ख़ाक कर दे

---

1. कठोर 2. कंधे 3. नमाज से पहले पाक साफ़ होना 4. पवित्र 5. कुम्हार।

वही क़िस्सा पुराना चल रहा है
बहुत दिन से तमाशा चल रहा है

मिरी आँखें भी आजिज[1] आ गई हैं
मुसलसल एक सपना चल रहा है

मैं पल भर के लिए ठहरा तो देखा
बिना मेरे भी रस्ता चल रहा है

फ़लक भी देख कर हैरतजदा है
ज़मीं पर क्यों परिन्दा चल रहा है

बहुत मशकूक[2] है लहजा हमारा
हमारे दरमियाँ क्या चल रहा है

कहाँ बदलेगा ख़द-ओ-ख़ाल अपने
चला जब तक ये चेहरा चल रहा है

तुझे भी 'शाद' अब फ़ुर्सत नहीं है
मिरा भी काम अच्छा चल रहा है

---

1. परेशान होना 2. संदिग्ध।

क्यों लिए फिरती है ऐ तेज़ हवा रहने दे
गर्द हूँ मैं मुझे राहों में बिछा रहने दे

फिर जलूँगा तो अंधेरों को भी जहमत होगी
बुझ गया हूँ तो मुझे यूँ ही बुझा रहने दे

धूप हूँ शब के नशेबों में उतर जाऊँगा
बस जरा देर पहाड़ों पे बिछा रहने दे

मुझ को होने दे ये अहसास कि मैं ज़िन्दा हूँ
इक न इक जख़्म मिरे दिल का हरा रहने दे

कुछ नहीं है तो सराबों का छलावा ही सही
कुछ तो आँखों में मिरी ख़्वाब नुमा रहने दे

अक्स का अपना कोई अक्स नहीं हो सकता
एक परछाई को पैकर न बना रहने दे

बेसबब इतनी वज़ाहत की ज़रूरत क्या है
'शाद' अब अपनी कहानी न सुना रहने दे

रब्त पुरानी यादों से कुछ कम हो जाता है
रफ़्ता-रफ़्ता हर चेहरा मुबहम[1] हो जाता है

वक़्त नहीं ये ख़्वाबों की तस्वीर बनाने का
बारिश के मौसम में काग़ज नम हो जाता है

उस नुक़सान की भरपाई मुश्किल से होती है
जब अपनी नज़रों में कोई कम हो जाता है

हम आँखों के उस ख़ालीपन से भी वाक़िफ़ हैं
जब अपना ही ख़्वाब कोई बरहम हो जाता है

इसीलिए तो हम धीमे लहजे में रहते हैं
ऊँचा सुर कुछ देर ही में मद्धम हो जाता है

जब इक ताजा चोट लगे तो यूँ भी होता है
'शाद' पुराना जख़्म कोई मरहम हो जाता है

---

1. धुंधली।

हमको मालूम है मरने के लिए आए हैं
फूल हैं और बिखरने के लिए आए हैं

तुम अगर चाहो समन्दर से निकालो मोती
हम तो बस पार उतरने के लिए आए हैं

क्या ख़बर थी कि ये वादे से मुकर जाएंगे
जख़्म तो कहते थे भरने के लिए आए हैं

नींद मेहमान है शब भर की चली जाएगी
ख़्वाब आँखों में ठहरने के लिए आए हैं

खुद पसन्दी का है इल्जाम अगर चेहरों पर
आईने भी तो सँवरने के लिए आए हैं

हमको किस काम में उलझाए हुए है दुनिया
हम तो कुछ और ही करने के लिए आए हैं

दश्त की सैर में क्या 'शाद' हमें दिलचस्पी
घर की वहशत से उबरने के लिए आए हैं

कब तलक यूँ ही मुझे ख़ाक-ब-सर चाहती है
ऐ थकन पूछ तो क्या राहगुज़र चाहती है

पहले कम पड़ती थी इक दश्त की वुसअत[1] भी इसे
अब ये वहशत दर-ओ-दीवार में घर चाहती है

कोई उम्मीद की सूरत नहीं बाक़ी दिल में
कोई उम्मीद मगर दिल में बसर चाहती है

रोज़-मानूस मनाज़िर से लिपटती है मगर
इक तमाशा भी नया रोज़ नज़र चाहती है

घर से सूरज को निकलने की इजाजत ही न हो
तीरगी अपनी ही शर्तों पे सहर चाहती है

'शाद' ये फ़िक्र किसी तौर नहीं मानती है
हर सदफ़[2] में कोई नायाब गुहर चाहती है

---

1. विस्तार 2. सीपी।

किसी का साथ निभाया, कहीं किनारा किया
गुजारी हमने कहाँ ज़िन्दगी, गुजारा किया

वहीं पे ले गई हर बार मेरी प्यास मुझे
कि जिस तरफ़ भी सराबों ने इक इशारा किया

मैं बर्फ़ था जिसे सूरज की चन्द किरनों ने
जलाया धूप में इतना कि एक धारा किया

मिरा वजूद तो हमसर[1] था एक जर्रे का
ये किस का नूर है जिसने मुझे सितारा किया

मैं बर्ग-ए-खुश्क[2] था खुद ही तो क्या गिला करता
यही बहुत है मुझे शाख़ ने गवारा किया

---

1. बराबर 2. सूखा पत्ता।

जीना पड़ता है कभी जर्फ़ से कमतर होकर
भीख दरियाओं से माँगी है, समन्दर होकर

हाँ ये तस्वीर कभी बात किया करती थी
देखती रहती हैं आँखें जिसे पत्थर होकर

मिरा इस इश्क़ में नुक़सान हुआ है कितना
खुद से महरूम हुआ, तुझ को मयस्सर[1] होकर

मिरे अहसास पे ग़ालिब[2] ही रही इक वहशत
मुश्किलें कम न हुई रंज का ख़ूगर[3] होकर

इससे बेहतर है कि इस बार उतर जा दिल में
क्यों उलझता है मिरे जख़्म से नश्तर होकर

मिरा दुख ये है कि सब 'शाद' समझते हैं मुझे
इस अज़ीयत[4] से भी गुज़रा हूँ सुख़नवर[5] होकर

---

1. उपलब्ध 2. क़ाबिज 3. आदी 4. परेशानी 5. साहित्यकार।

कब तलक रायगाँ ख़्वाबों का सहारा आख़िर
ख़त्म भी होगा किसी दिन ये तमाशा आख़िर

बारिशें नाम ही न लेंगी अगर रुकने का
हद में रह पाएगा कब तक कोई दरिया आख़िर

आबगीनों[1] की भला उम्र ही क्या होती है
टूट जाता है हर इक ख़्वाब-ए-तमन्ना आख़िर

तुम न होते तो कोई और दुखाता दिल को
मुझ को करना था किसी पर तो भरोसा आख़िर

धूप से भी तो कोई अहद किया था मैंने
और कब तक मैं तिरी छाँव में रहता आख़िर

'शाद' इक तुझ से तवक़्क़ो[2] थी सुख़न फ़हमी की
तू भी 'ग़ालिब' का तरफ़दार ही निकला आख़िर

---

1. बुलबुले 2. अपेक्षा।

समन्दर, चाँद, सहरा, झील, तारे काम आते हैं
ग़ज़ल में कैसे-कैसे इस्तिआरे[1] काम आते हैं

बहुत मसरूर[2] है कश्ती अभी मौजों के झूले पर
नहीं समझेगी ये आख़िर किनारे काम आते हैं

नज़र अंदाज हो जाते हैं जो मसरूफ़ लम्हों में
वही आँखों की फ़ुर्सत में नजारे काम आते हैं

अगर मानूस[3] हो जाए कोई असरार[4] से इनके
तो जितने भी हैं क़ुदरत के इशारे काम आते हैं

सुना है डूबने वाले को तिनके का सहारा है
ये हैरत है, जो खुद हैं बेसहारे काम आते हैं

कोई हँसता हुआ चेहरा तिरे आँसू न पोछेगा
अगर दुख बाँटना हो, ग़म के मारे काम आते हैं

---

1. उपमाएं 2. नशे में 3. अभ्यस्त 4. रहस्यों।

उस एक ख़्वाब को हम रायगाँ समझते थे
वही तो आग थी, जिसको धुवाँ समझते थे

उसे भी पढ़ लिया सब ने हमारे चेहरों पर
वो दर्द हम जिसे दिल में निहाँ समझते थे

कभी उड़ान भरी होती तो पता चलता
नज़र की हद थी जिसे आसमाँ समझते थे

ये क्या ख़बर थी कि माँगेगा साये का भी ख़िराज[1]
वो पेड़ जिसको बहुत मेहरबाँ समझते थे

ये कौन करता रहा 'शाद' हम से सरगोशी[2]
सुक़ूत-ए-शब[3] को तो हम बेज़बाँ समझते थे

---

1. कर 2. कानाफूसी 3. रात का सन्नाटा।

कहा ये दर्द ने इक बार फिर उभरते हुए
कि थोड़ा वक़्त तो लगता है ज़ख़्म भरते हुए

फिर इस किनारे पे लौटूँगा कब ख़ुदा जाने
मैं सोचता रहा दरिया को पार करते हुए

मैं बुझ सा जाता हूँ मंज़र ये जब भी देखता हूँ
किसी नशेब में इक साए को उतरते हुए

मिरी रगों में भी उतरे हैं कुछ ख़िज़ाँ मौसम
मुझे बहार ने देखा नहीं बिखरते हुए

मैं बेनियाज ही गुज़रा था 'शाद' राहों से
उबूर[1] हो गईं कुछ मंज़िलें, गुज़रते हुए

---

1. हासिल।

उलझ चुके हैं ये मंज़र नज़र से पहले भी
गुज़र चुका हूँ मैं शायद इधर से पहले भी

जो नाख़ुदा[1] ही न समझे मिज़ाज मौजों का
तो डूब सकती है कश्ती भँवर से पहले भी

कहीं सुकून नहीं ज़िन्दगी की राहों में
सफ़र के बाद भी उलझन, सफ़र से पहले भी

न जाने किस लिए इतनी उदास हैं शाख़ें
कि उड़ चुके हैं परिन्दे शजर से पहले भी

मिरी उदास निगाहों ने ये भी देखा है
चराग़ बुझते हैं अक्सर सहर[2] से पहले भी

कोई तो शहर में पहचान ले मुझे ऐ 'शाद'
इसी उम्मीद पे निकला हूँ घर से पहले भी

---

1. मल्लाह 2. सुब्ह।

मंज़िल की कशिश, लुत्फ़-ए-सफ़र अपनी जगह है
और राह में लुट जाने का डर अपनी जगह है

परदेस तो परदेस है, घर अपनी जगह है
शब लाख मुनव्वर[1] हो, सहर अपनी जगह है

ऐसा नहीं अहसास से आरी[2] हों सभी दिल
मजबूरी-ए-हालात मगर अपनी जगह है

फ़र्दा[3] के हसीं रंग महल ख़ूब हैं लेकिन
माज़ी का वो बोसीदा खंडर अपनी जगह है

हर सम्त फ़जाओं में जहाँ ज़ह्र घुला हो
उस दौर में जीने का हुनर अपनी जगह है

हैरान थे मक़्तल में सभी देखने वाले
गो हाथ क़लम हो गए, सर अपनी जगह है

---

1. चमकदार 2. ख़ाली 3. भविष्य।

मैं जब से तेज़ हवाओं के इख़्तियार में हूँ
कभी ज़मीन पे हूँ और कभी गुबार में हूँ

मैं रेजा-रेजा बिखरता रहा मगर मुझको
कभी गुमाँ भी नहीं था कि इन्तशार[1] में हूँ

है कर्बनाक[2] बुलन्दी से वापसी का सफ़र
कि शब का नश्शा हूँ, वक़्त-ए-सहर उतार में हूँ

भटक रहा हूँ तआक़ुब में एक खुशबू के
कि अपनी राह पे हूँ और न अपनी डार में हूँ

जहाँ से मैंने पुकारा खुद को 'शाद' कभी
वहीं पे आज तलक अपने इन्तजार में हूँ

---

1. बिखराव 2. दर्द भरा।

मिरी तरह न कभी तुम ये तजरबा करना
लहू रुलाएगा रिश्तों का तजज़िया[1] करना

बहुत फ़रेब दिया करती हैं ये आवाज़ें
हर इक सदा पे दर-ए-दिल कभी न वा करना

मैं चाहे जितना तुझे चाहूँ ज़िन्दगी लेकिन
तिरी सरीश्त[2] में शामिल नहीं वफ़ा करना

जो मुझको भूल गया एक हादसे की तरह
कहीं मिले तो यूँ ही मेरा तजकिरा[3] करना

पलों के फ़ैसले बरसों तलक रुलाते हैं
इस एहतियात से करना जो फ़ैसला करना

---

1. विश्लेषण 2. स्वभाव 3. चर्चा।

मैं सब कुछ जानता हूँ फिर भी ये मंज़र बनाता हूँ
हवाओं के मुक़ाबिल रेत का इक घर बनाता हूँ

मैं सूरज की तमाजत[1] से भी वाक़िफ़ हूँ मगर फिर भी
न जाने क्यों हमेशा मोम के पैकर[2] बनाता हूँ

बड़ी मुश्किल से अपने आँसुओं को जब्त करता हूँ
बड़ी मुश्किल से अपने आपको पत्थर बनाता हूँ

मुझे ये लोग अपने जख़्म क्यों दिखलाने आए हैं
न मैं मरहम बनाता हूँ, न मैं नश्तर बनाता हूँ

सर-ए-साहिल मैं बैठा देखता रहता हूँ पानी को
और अपनी प्यास को यूँ सब्र का ख़ूगर[3] बनाता हूँ

मुझे बख़्शा गया है ग़म का जो पिघला हुआ सोना
उसी से 'शाद' मैं अशआर के ज़ेवर बनाता हूँ

---

1. गर्मी 2. आकृति 3. आदी।

अपने-अपने सब के मसाइल होते हैं
ग़म सबकी राहों में हाइल[1] होते हैं

कुछ आँखों की भी मजबूरी है वरना
सब मन्जर कब दीद के क़ाबिल होते हैं

जिन पर धोखा हो जाता है मंज़िल का
राहों में ऐसे भी मराहिल[2] होते हैं

भीड़ का इक चेहरा बनकर रह जाते हैं
वो चेहरे जो भीड़ में शामिल होते हैं

कुछ खुशियाँ भी जान की दुश्मन होती हैं
ये न समझना ग़म ही क़ातिल होते हैं

शहर में चर्चे होते हैं दीवानों के
दीवाने शहरों से ग़ाफ़िल[3] होते हैं

---

1. बाधक 2. पड़ाव 3. अनजान।

मिरी सोचें, मिरा अहसास और बेचैनियाँ मेरी
मिरे दिल की फ़सीलें ढा न दें ये आँधियाँ मेरी

मैं बरगद का पुराना पेड़ हूँ फिर भी न जाने क्यों
हवा के ज़िक्र ही से काँपती हैं पत्तियाँ मेरी

ये किसने क़ैद करके फ़िक्र की अंधी गुफाओं में
किसी गहरी नदी में फेंक दी हैं कुंजियाँ मेरी

ये किस अन्देशा-ए-ग़म से मिरा दिल डूबा जाता है
ये क्यों ख़ेमे से खुलती जा रही हैं रस्सियाँ मेरी

मैं अपनी हर तमन्ना हार बैठा वक़्त के हाथों
कनीजों की तरह मजबूर हैं शहजादियाँ मेरी

न शोला है, न चिंगारी कोई इस राख में लेकिन
झुलस जाती हैं अब भी 'शाद' अक्सर उंगलियाँ मेरी

न मेरे दर्द से वाक़िफ़, न मेरा ग़म समझते हैं
समझते हैं मुझे ये लोग लेकिन कम समझते हैं

न कुछ कहती हैं शाख़ें और न कुछ सूखे हुए पत्ते
मगर इक दूसरे के दर्द को बाहम[1] समझते हैं

ये रस्मुलख़त[2] अभी पूरी तरह सीखा नहीं हमने
किसी के दिल में क्या लिक्खा है थोड़ा कम समझते हैं

इन्हीं के साथ हमने अपने रोज़-ओ-शब गुजारे हैं
कोई ख़्वाबों को क्या समझेगा जैसा हम समझते हैं

मैं अपनी रूह की सच्चाईयाँ चेहरे पे ले आया
मगर वो साफ़ तहरीरों को भी मुबहम समझते हैं

हवा ठहरी सी क्यों है 'शाद' ये मालूम है हमको
चराग़ों की लवें क्यों हो गईं मद्धम समझते हैं

---

1. आपस में 2. लिपि।

सफ़र की हद तलक या दरम्याँ तक साथ चलना है
अभी से फ़ैसला कर लो कहाँ तक साथ चलना है

ये बेहतर है सराबों[1] का भरम पहले ही खुल जाए
अगर इस तिश्नगी को बस वहाँ तक साथ चलना है

अभी पूरी तरह तोड़ा नहीं अहद-ए-वफ़ा उसने
यक़ीं जब तक न हो मुहकम[2], गुमाँ तक साथ चलना है

अभी से मुज़्महिल[3] क्यों हो गए ये बाल-ओ-पर तेरे
तिरा तो अज़्म[4] था कि आसमाँ तक साथ चलना है

मुझे तन्हाई में कहते हैं कुछ भूले हुए लम्हे
अगर जहमत न हो तो रफ़्तगाँ तक साथ चलना है

हर इक चेहरे की अपनी अहमियत है बाब-ए-माज़ी[5] में
हर इक किरदार को उस दास्ताँ तक साथ चलना है

मिरी सब कोशिशें नाकाम ही ठहरी हैं 'शाद' अब तक
मगर इक और सई-ए-रायगाँ[6] तक साथ चलना है

---

1. मरीचिका 2. पूर्ण 3. शिथिल 4. प्रण 5. भूतकाल का अध्याय 6. नाकाम कोशिश।

कहता था इक शजर[1] मुझे इतना न काटना
शाख़ें तो मेरी काट लीं, साया न काटना

मुद्दत के बाद निकला हूँ अपनी तलाश में
अब आरजुओ तुम मिरा रस्ता न काटना

माना लहू रुलाती हैं यादें कभी-कभी
फिर भी तुम अपने माज़ी[2] से रिश्ता न काटना

ऐसा न हो कि इनमें कोई बोलने लगे
इन पत्थरों में अब कोई चेहरा न काटना

बेहतर है 'शाद' साथ कोई हमसफ़र भी हो
अहसास का सफ़र कभी तन्हा न काटना

---

1. पेड़ 2. भूतकाल।

बस अपनी कहानी में ज़िन्दा रहो
इसी खुशगुमानी में ज़िन्दा रहो

अगर तिश्नगी[1] की यही शर्त है
तो इक घूँट पानी में ज़िन्दा रहो

जहाँ बोलने की सज़ा मौत हो
वहाँ बेज़ुबानी में ज़िन्दा रहो

ग़मों का तसलसुल[2] है ये ज़िन्दगी
ग़मों की रवानी[3] में ज़िन्दा रहो

अगर एक चेहरे में मुमकिन न हो
तो नक़्ल-ए-मकानी[4] में ज़िन्दा रहो

इन्हीं वुसअतों[5] में मरो उम्र भर
इसी बेकरानी[6] में ज़िन्दा रहो

किसी बात पर रोज़ शिकवा करो
किसी बदगुमानी में ज़िन्दा रहो

---

1. प्यास 2. सिलसिला 3. बहाव 4. घर बदलना 5. विस्तार 6. जिसका किनारा न हो।

बाजार की इक जिन्स[1] बना रक्खा है ख़ुद को
हमने भी नुमाईश में सज़ा रक्खा है ख़ुद को

अब देखना है अपने बिखरने का तमाशा
अब तक तो बिखरने से बचा रक्खा है ख़ुद को

बाहर के ये हालात उबरने नहीं देते
अन्दर ही कहीं अपने दबा रक्खा है ख़ुद को

मुद्दत से है उम्मीद कि शायद कोई आए
इक दर की तरह हमने खुला रक्खा है ख़ुद को

मुझको मिरे होने का भी अहसास नहीं है
कुछ याद नहीं कब से भुला रक्खा है ख़ुद को

---

1. वस्तु।

न इसकी बात सुनता हूँ, न कुछ इसको बताता हूँ
मैं कितनी बेदिली से, अपने दिल से पेश आता हूँ

थकन अहसास की अब तोड़ देती है मुझे इतना
मैं अक्सर दिन ढले सूरज से पहले डूब जाता हूँ

मैं अपनी जुस्तजू[1] में रात-दिन खोया भी हूँ लेकिन
कहीं खुद को अगर मिल जाऊँ तो नज़रें चुराता हूँ

मिरी मौजें बहुत बदनाम हैं कश्ती डुबोने में
इन्हीं मौजों पे लेकिन बोझ कश्ती का उठाता हूँ

मैं हूँ ऐसा मुसव्विर[2] तिश्नगी जिस पर मुसल्लत[3] है
जहाँ सहरा बनाना हो, वहाँ दरिया बनाता हूँ

मिरा रद्द-ए-अमल[4] कुछ मुख़्तलिफ़ है 'शाद' औरों से
जो बातें दिल दुखाती हों मैं उनको भूल जाता हूँ

---

1. खोज 2. चित्रकार 3. छाया हुआ 4. प्रतिक्रिया।

60

अभी तक नामुकम्मल आरज़ू का एक पैकर हूँ
मैं साहिल पर किसी बच्चे का इक टूटा हुआ घर हूँ

जहाँ तक याद है ख़ुद से कभी बाहर नहीं निकला
मैं अपनी दस्तरस में था तो क्यों तुझको मयस्सर[1] हूँ

मुझे फिर डार से अपनी जुदा होना पड़े शायद
मुसलसल[2] मैं कई दिन से किसी ख़ुशबू की जद पर हूँ

न जाने क्यों हसद[3] से देखता हूँ अपने साए को
न जाने क्यों मुझे लगता है अपने क़द से कमतर हूँ

अगर बेहिस[4] हूँ मैं तो क्यों ये आँखें भीग जाती हैं
ये मुझमें क्या धड़कता है अगर मैं एक पत्थर हूँ

मुझे इक तिश्नालब[5] ने इस तरह देखा हिक़ारत से
कि मुझको शर्म अब आती है कहने में समन्दर हूँ

अभी तक 'शाद' ये उक़्दा[6] न ज़ाहिर हो सका मुझ पर
मैं किन ख़्वाबों का मरकज[7] हूँ मैं किन सोचों का महवर[8] हूँ

---

1. उपलब्ध 2. लगातार 3. ईर्ष्या 4. संवेदनाशून्य 5. प्यासा 6. रहस्य 7. केन्द्र 8. धुरी।

याद आती रहे हर गाम पे घर की भी कहीं
ऐसे होती है भला दश्तनवर्दी[1] भी कहीं

घर की अराईशें[2] खुशियों से हों अच्छा है मगर
तुम किसी ताक़ पे रख लेना उदासी भी कहीं

जिस्म से रूह तलक शोर सा बरपा है कोई
बात इस लहजे में करती है ख़मोशी भी कहीं

क्यों हुआ मुझको ये महसूस कि मैं ज़िन्दा नहीं
नब्ज़-ए-जाँ ये तो बता तू कभी ठहरी भी कहीं

मैंने जिस रंग में देखा है तसव्वुर[3] में तुझे
ज़िन्दगी काश तू उस रंग में मिलती भी कहीं

याद अब आता नहीं 'शाद' ये तारीकी-ए-जाँ[4]
क्या किसी नूर की बरसात में भीगी भी कहीं

---

1. बयाबान में भटकना 2. सजावट 3. कल्पना 4. अस्तित्व का अंधेरा।

जहन में कुछ धुँधली-धुँधली सी तहरीरें[1] रह जाती हैं
रंग तो अक्सर उड़ जाते हैं, तस्वीरें रह जाती हैं

जब आँगन से भरी दुपहरी इक साया उठ जाता है
घर के अन्दर सोग मनाती तक़दीरें रह जाती हैं

अब भी कुछ बोसीदा[2] लम्हे इन यादों में ज़िन्दा हैं
जैसे इक वीराने में कुछ तामीरें[3] रह जाती हैं

अपने चेहरे पर मत अपने दिल के नक़्श[4] उभरने दे
पढ़ने वालों की नज़रों में तहरीरें रह जाती हैं

अपनी-अपनी सज़ा काट कर दर्द रिहा हो जाते हैं
माज़ी के ज़िन्दानों[5] में बस जंज़ीरें रह जाती हैं

अपनी तरफ़ से हमने तो हर जतन किया था 'शाद' मगर
वक़्त मुख़ालिफ़ हो तो सारी तदबीरें रह जाती हैं

---

1. लिखावट 2. जर्जर 3. निर्माण 4. चित्र 5. क़ैदख़ाने।

नज़्में

1

उम्र के बेशुमार लम्हे हैं
और उन बेशुमार लम्हों में
चन्द ऐसे चमकते लम्हे हैं

जो मिरी तीरगी[1] के जुगनू हैं
ज़िन्दगी की उदास राहों में

जो मिरे साथ-साथ चलते हैं
दिल की गहराईयों में रहते हैं
मिरे ख़्वाबों के साथ पलते हैं

---

1. अंधेरा।

सुबह – सुबह जब पेपर देखा
सारी ख़बरें गहरी नींद में सोयी हुई थीं
मैंने पेपर फोल्ड किया
सिरहाने रक्खा
चेहरे पर चादर को ताना
और फिर खुद भी
गहरी नींद में लौट गया

3

मुझ में कोई आग सी जलती रहती है
कुछ लपटें, नज़्में, ग़जलें बन जाती हैं
धुआँ ख़ला हो जाता है इन आँखों का
और तपिश सब दिल के हिस्से आती है

बेलिबास पेड़ों की
जर्द-जर्द शाख़ों को
और उन पे सहमे से
बेअमाँ परिन्दों को

मुद्दतों से पथराई बदनसीब आँखों को
आईनों में चेहरों की
मुस्तक़िल उदासी को
मुज़्तरिब उमीदों को
दिल की बदहवासी को

वक़्त के बदलने का
इन्तजार सबको है

5

जब तुम ताबीरों की फ़स्लें काट रहे थे
हम मुट्ठी में ख़्वाबों के कुछ बीज लिए
सख़्त ज़मीं की मिट्टी को
अश्कों से नम करने की
इक रायगाँ सी कोशिश में लगे थे

6

ये जो मुहज्जब लोगों में
मैं अलग-थलग पड़ जाता हूँ
दिल में रखने वाली बातें
होटों पर ले आता हूँ

7

न जाने तिश्नगी[1] को मैंने कितनी बार समझाया
तिरी शिद्दत भी बरहक़ है
तिरा आजारे-पैहम[2] भी
मगर अरजाँ[3] न कर अब इस क़दर
पिन्दार[4] को अपने
ये जिनके सामने दस्ते-तलब[5]
तूने पसारे हैं
तुझे कुछ दे नहीं सकते
सराबों[6] ने समन्दर का लबादा ओढ़ रक्खा है

---

1. प्यास 2. निरन्तर 3. हल्का 4. स्वाभिमान 5. माँगने वाले हाथ 6. मृगतृष्णाएं।

8

इस जानिब से उस जानिब तक
एक सी चाल में चलते-चलते
मेरा दिल उक्ता सा गया है
कभी-कभी तो ये लगता है
कहीं ठहर कर अपने बारे में भी सोचूँ
लेकिन फिर ये ध्यान आता है
अगर कहीं मैं ठहर गया तो
इस दीवार-घड़ी के काँटे
मेरे साथ ही रुक जाएंगे

उसी मिट्टी से कूज़ागर[1] ने मुझको भी बनाया है
मिरे अतराफ़[2] जो ये चलते-फिरते से खिलौने हैं
मुरत्तब[3] हैं सभी यक्साँ अनासिर[4] से
मगर फिर भी न जाने क्यों मुझे महसूस होता है
कि जैसे कुछ कमी सी रह गयी हो मेरे ढलने में
तवाजुन कुछ तो नाहमवार है मेरे अनासिर का
मिरी मिट्टी में शायद आग की मिक़दार[5] जायद है

---

1. कुम्हार 2. आस-पास 3. बने हैं 4. वजन 5. हिस्सा।

इस घर में जितने कमरे हैं
उन सब की है पहचान अलग

ये डायनिंग हाल, ये लहबी है
बेडरूम है ये और वो है किचिन
वो ड्राइंगरूम के पहलू में
जो रूम है वो बच्चों का है
हर कमरे की पहचान अलग
और हस्बे-ज़रूरत उन सब की
आराईश का सामान अलग

इन सब कमरों के ऊपर ये
बेरंग कुशादा छत भी है
जो इन सब को ढक लेती है
और कमरे घर बन जाते हैं

मैं भी तो इस छत जैसा हूँ